若宮　健

失敗から学ぶ

経営者18人の失敗体験

花伝社

失敗から学ぶ――経営者18人の失敗体験――◆目次

はじめに

昭和の天才事業家と言えば、筆者は「本田宗一郎」を一番先にあげたい。本田さんは色紙を頼まれると、柳の枝に飛びつく蛙の絵を描いて、「成功は失敗と努力による」と書いた。

本田さんが色紙に書いた「成功は失敗と努力による」は、数々の失敗から学んだ、氏の本心であった。日本人の特性として失敗は恥との思いが、古くから身についている。失敗は早く忘れようとして、失敗から学ぼうとしない悪い癖がある。バブル崩壊から「失われた一〇年」が過ぎ、このままでは「失われた二〇年」にもなりかねない。今こそ「失敗から学ぶ」謙虚な姿勢が必要であると思う。

今回の執筆にあたって、さまざまなジャンルの失敗経験者から、いろいろな失敗の体験を取材することができた。おおむねスムーズに取材できたのは、私自身が失敗経験者だったからである。

失敗体験者の実話は、自分の代わりに失敗を経験してくれた、と思えばこんなありがたい話はない。書店には、こうすれば成功する類の本があふれている。しかし多分その通りやっても成功はしない。失敗には定義めいたものはあるが、成功には定義はない。成功談はとかく装飾が多い。デフレ不況の今こそ、「失敗から学ぶ」ことが必要ではないかと考える。

「失われた一〇年」は、机上の空論に振り回された一〇年ともいえる。学者や評論家が、やたら空論を振り回した一〇年であった。バブルの頃「財テクをやらない経営者はアホだ」といった学者や評論家は、誰も責任を取らない。今度は、デフレ不況にかこつけて、相変わらず空論を振り回している。このへんで我々も、こうした口先だけの空論をまともに聞くのは、ほどほどにしたいものだ。特に、中小企業にとっては、空論の押し付けは混乱を招くだけである。

天才事業家「本田宗一郎」は、大過なく過ごす人間を一番嫌った。失敗してもいいから挑戦する人間を好んだ。天才事業家たる所以がここにある。

「失われた一〇年」が、「失われた二〇年」にならないためにも、今こそ日本人は失敗から学ぶ姿勢を持つことが必要ではないかと思う。

日本では古くから、「失敗は成功のもと」という言葉がある。この素晴らしい言葉をかみしめ、本書が失敗から学ばない日本人の体質を、改めるきっかけになれれば本望である。

1　白馬でホテル経営——勝負に出て失敗

白馬でホテル経営をしていた人がいると聞いたとき、どんな方かと大変興味をもった。白馬でホテル経営など、カッコいいと思った。ドラマの主人公のようだとも思えた。藤井さんにお会いしてみると、品の良い顔立ちは、ホテルのオーナーの面影があった。取材させてもらうと、出発点には確かにドラマがあった。

筆者も、事業から撤退して、八五坪の土地と建坪五〇坪の自宅と、モーターボートを失った経験があるが、藤井さんが失ったものに比べれば、それでも少ない。

藤井さんは、五階建て四二室のホテルを失っていた。最初ペンションを経営していたが、その頃から一六年間住み慣れた白馬の素晴らしい自然とも別れた。お話をお聞きして、こちらも無念な気持ちになった。もっと続けて欲しかった、と残念な思いにかられた。

藤井さんは、建物よりも大事なものを失っている。それは、最愛の奥さんと別れたことである。子供さんとも別れ、現在はお一人で生活している。日本の社会は、特に中小企業の場合、経営者が事業から撤退するときには、多くの代償を払わなくてはならない。多くの代償を払えば、世間が納得する面がある。自ら招いたこととは言え、経営者にとって残酷な社会である。

白馬に移る前はＪＡＬに勤務

藤井さんは、白馬に移る前は、ＪＡＬに勤めていた。仕事は、飛行機が空港内で移動するときに誘導する、マーシャリングの業務であった。ジャンボ機にジャンボクラスターをつけて、飛行機を押し出すことを、プッシュバックという。管制塔と交信するときには、操縦室と違い、日本語が許される。しかし、間違いは許されない仕事である。

多少の緊張感もあり、やりがいのある仕事であった。藤井さんが勤務していた昭和四〇年代は、専門職でもあり、夜間勤務など変則勤務になるので、会社ではハイヤーで送り迎えしてくれた。

藤井さんは過去を振り返ると、ＪＡＬに勤務していた頃が、一番楽しかったと語る。最初は大阪空港の勤務となり、その後羽田空港の勤務となった。

奥さんがレストランを開業

奥さんの実家が素封家で、羽田勤務となったときに、川崎にマンションを買う資金を出してくれた。それから間もなく、ご主人が危険な仕事な仕事についているので、万が一のためにと、奥さんがレストランを開業したが、そのときも、まるまる援助してくれた。もともと料理の好きな奥さんは、腕の良いシェフを雇ったこともあり、店はいつも満席になるほど繁盛した。

レストランの経営が軌道に乗り出した頃のことである。近くに喫茶店の売り物が出た。居ぬきの売り物は、なぜ売りに出されたか慎重に調べる必要がある。繁盛していれば、売らないで人にやらせてもいいからだ。レストランを紹介してくれた不動産屋は信頼が置けた。調べてみると、マスターが賭けマージャンで暴力団がらみの借金を作り、にっちもさっちも行かなくなって、売りに出した事がわかった。

成り行きで買った喫茶店も、これまた人もうらやむほどに繁盛した。もともと盛業中の喫茶店を、急ぎのお金を作るために手放した物件で、藤井さんには運があった。人間は、運が向いているときは、何をやってもうまくいくものである。ただし、運を実力と勘違いして、失敗する経営者も少なくない。

幸せな藤井さん夫妻にも、ただ一つの心配事があった。娘さんが二人いて、下の娘さんが喘息で苦しみ、中学生になっても良くならなかった。お医者さんには、空気の良いところに行けば直ると言われていた。

白馬でペンション経営を決断

あるとき、藤井さん家族は長野に旅行した。白馬に行ってみたら、家族皆が白馬の自然に魅せられてしまった。藤井さん夫婦は、いろいろ資料を集め検討した結果、白馬でペンションを経営する決断をする。すべては、娘さんのためでもあった。

住んでいるマンションと、レストランと喫茶店を売りに出すことにした。知り合いの不動産屋にたのむと、すべてに買い手がついた。レストランも喫茶店も盛業中で問題がないのが幸いした。

レストランだけは賃貸物件だったが、それでもよい値がついた。三軒で六〇〇〇万円になった。早速白馬で土地を探したら、ゲレンデに近い所に手頃な土地がみつかった。昭和五〇年はまだ白馬もペンションは少なく、開業の時期としては悪くなかった。一二月二三日にオープンしたが、地元で近所の観光協会に所属している経営者を招いて、パーティを開いた効果が表れ、満室になって断りきれないペンションからの紹介で、宣伝もしないうちに、一〇室がすぐに満室となった。古きよき時代である。

白馬は、シーズンが冬期間の五ヵ月のみで、七ヵ月がオフとなる。オフに営業しても、固定費にもならない現実があった。藤井さんは、オフは完全にクローズにした。その代わり、シーズンは休みなしで働いた。空気の良い白馬に移ってから、娘さんの喘息はウソのように良くなった。二人とも、白馬が気に入って表情まで明るくなった。

ペンションや旅館は気の休まらない商売である。寝るのが遅いお客さんもあり、朝早く発つお客さんもある。夜中に階段を踏み外してケガをするお客さんも出る。一時も気が休まらない仕事である。

筆者の故郷の十和田湖は、逆に冬期間の六ヵ月がクローズである。最近は、冬の期間も営業する旅館が何軒かあるが、実績は芳しくない。交通の不便なこともさることながら、冬の宣伝不足もある。冬の十和田湖のよさは、行ってみてはじめてわかる。筆者は冬の十和田湖が好きだ。鳥のさえずりもほとんど聞こえないような静寂の中で、神秘の湖は真っ白な雪に覆われた山々とマッチして、人の心を捉える。冬の十和田湖を体験すると、十和田湖は神秘の湖と表現される理由がわかる。筆者は神の存在を実感させられたことが何度もある。昔は、湖に一面氷が張るほど寒さが厳しかったが、最近は、湖面に氷が張ることはほとんど見られなくなった。

藤井さんは、四月の第一日曜日で営業をクローズした。クローズした次の日にハワイに旅だったことも何度もある。何しろ気苦労の多い仕事で、ストレスもたまる。家族でハワイに旅だって休養した。コンドミニアムを安く手に入れていたので、あまりお金がかからなくて過ごすことができた。何ともドラマのような生活であった。

ゴールデンウイークとお盆のシーズンだけは、営業するようにしたが、そのほうが固定費がかからなくてすむ利点もあった。

勝負に出て、ホテルを建てる

ペンションを開業してから、一〇年が経った頃、同業者が増えてくると、建物や設備の遅れが目立つようになった。旅行会社からも改装を勧められ、いっそのこと建て替えようということになった。何とも決断の早いご夫婦である。一〇年経営して、ある程度自信もついていた。奥さんの実家から、東京の土地を担保として提供してもらい、二億五〇〇〇万円を銀行から借りて、五階建て四二室のホテルを建てた。勝負に出たわけである。結果的にはこの勝負に出たことが失敗を招いた。

ペンションであれば、レストランや喫茶店の経験が生かせた。だから素人でも順調に経営を伸ばせた。だが、ホテルとなると別である。経営のノウハウも違うものがある。旅行社にすすめられてホテルを建てたものの、数年後にはスキーブームもかげりが見え始めた。追い討ちをかけるように、バブルが弾けた。

ホテルとなると、当然旅行社の力に頼らなくてはやっていけない。支払いも、月末締めの翌月払いで、個人のお客相手のペンションと違い、日銭が入るのが少なくなる。ウイークデーには、旅行社の単価が、一泊二食で二五〇〇円のときもあった。筆者の考えでは、そんな仕事は引き受けないほうが良いと思うが、よいお客を回してもらうためには、引き受けざるを得ない場合もあった。ペンション時代と違う苦労も多かった。

バス一台のお客が泊まれるようにと、四二室にしたホテルであったが、月に二七〇万円の返済にも、甘さがあった。返済計画は、最悪を予想して立てるべきである。

ホテル経営の基本はセンス

ホテルや旅館にとって、リピーターはそんなにありがたいお客ではない。なぜなら、リピーターのお客ほど、混みあう金曜日とか、土曜日に予約を入れることが多い。こちらのことを考えて、ウイークデーに予約を入れてくれるリピーターはまずいない。

筆者は過去に、旅館経営にチョッピリ関係した経験から、旅館やホテルにとってリピーターはそんなにありがたいお客ではないことがよくわかる。月曜日とか、金曜、土曜以外のウイークデーに、泊まってくださるお客さんが一番ありがたいものだ。そのころ、ホテル経営に関して真剣に勉強したことがある。ホテルや旅館経営の基本は、センスに尽きる。どんなに立派な入れ物でも、どんなに美味しい料理を出しても、センスのない旅館やホテルは人の心を捉えられない。

ホテルや旅館で、お客様の選ぶベストスリーとワーストスリーは次のようになる。

〔ベストスリー〕①親切で丁寧、②笑顔で接する、③てきぱきとやってくれる。

〔ワーストスリー〕①客室に案内するだけで、その後全くサービスしない、②館内案内、避難案内、食事案内などがない、③接客態度が悪い、横柄。となる。

次に料理に対する不満。①ありきたりで代わり映えしない、②温かい料理が冷たくなって出た、③その土地の特色が出ていない、④宿泊料金の割に料理が貧弱だった、⑤料理がまずかった、となる。お客様は教師とはよく言ったものである。見事に核心を突いている。

ホテルに建て替えてからは、大学を卒業した二人の娘さんが手伝った。シーズン中のアルバイトもすべて、女性を採用した。女性だけのスタッフのホテルとして名を売るようになる。

バブルが弾ける

しかし、バブルが弾け、スキーブームもかげりが出てから、銀行の返済も滞るようになる。担保に提供した奥さんの実家にもこのことが知れるようになった。奥さんの実家には弟さんがいた。弟さんが、担保を外してくれとうるさく言ってくるようになった。経営者なら、担保は簡単に外せないことはわかっているが、サラリーマンの弟さんは、簡単に外れると思っていたようだ。事業が順調にいっている時は、人がよってくるが、不調に陥ると不思議なほど、次々と問題が発生してくるものだ。銀行の催促よりも、奥さんの実家からの担保を剥がしてくれという要求にはまいった。

筆者も経験があるが「弱り目に祟《たた》り目」は、言葉の通り確かに存在する。経営者は苦しくても、決して弱音を吐いてはいけない。決して弱みを見せてはいけない。経営者が一旦弱みを見せると、悪い方向に進みだす。筆者は「失意泰然、得意冷然」を座右の銘とした。藤井さんも、終わりの頃には、アウトバスの部屋だが、一泊一八〇〇〇円で旅行社から受けたことがある。商売は一旦弱気になると、悪循環に陥る事が多い。

藤井さんは、ジャズが好きだ。筆者と共通の趣味である。レコードのコレクションが三〇〇〇枚もあった。コレクターが見れば、よだれが出そうなレコードがたくさんあったという。藤井さんは、オフにはレコードを買いあさった。そして、三〇〇万円もするオーディオで聞いた。ジャズを聞いていると、疲れが取れ、次ぎの活力が湧いてきた。

ホテル経営から撤退するときに、業者を呼んで三〇〇〇枚のレコードコレクションを全部処分した。筆者にも、藤井さんの身を切られるような思いがよくわかる。筆者も、大事にしていたモーターボートを手放すときは辛かった。そのときは、頑張れば物はまた手に入るが、勇気を失えばすべてがお終いだと考えたものだ。現実は甘くない。藤井さんも当時は、筆者と同じように、また頑張れば買い戻せると考えた。しかし、藤井さんも、まだレコードコレクションを買い戻せないでいる。だが勇気と希望を持ち続けていれば、いつか買い戻せるときが来ると確信している。

当時、八方尾根では、リフトが四八基もあった。リフト会社の作業員は、ゼネコンの作業員が多かった。ゼネコンの冬期の失業対策に、リフト会社は貢献していた。藤井さんはホテルに建て替えてからは、夕食時にレストランに揃ったお客さんの前で、必ず御礼のスピーチをした。日中は外で作業衣を着て、除雪などをして働いているのを見ていたので、タキシードでスピーチをすると、お客さんはびっくりした。過去に泊まったお客様の、エピソードなどを交えてのスピーチは好評であった。

ジャズの好きな藤井さんは、近くの市や町でジャズのコンサートがあると、司会をやることもあった。ドラマーの「ジョージ川口」さんとも親交があった。

藤井さんに、聞きにくいことを聞いて見た。ホテルに建て替えないで、ペンションを改装して続けていたらどうなっていましたか、と仮定の話をしてみた。藤井さんは、バブルが弾けたのであれば、たとえ、ペンションを改装して続けていても苦しかったと思うし、ホテルに建て替えしたことには悔いはないと断言した。今でもペンションを継続していられる人は、地元の人で、借り入れのない人がほとんどだと言う。

当時、白馬の和田野地区だけで、ペンションやホテルの宿泊施設が九六軒に増えていた。日本人の悪い癖で、何かがよさそうだと思えば、次々と進出して、お互いに足を引っ張り合って、共倒れする傾向がある。そして、いけると見れば、大手が進出して他を凌駕する図式となる例があまりに多すぎる。

藤井さんがホテルを売却したのが平成四年。それから一〇年になるが、スキーリゾートの状況はますます悪化している。下降をたどるスキー人口とともに、スキー板の生産台数も激減している。一〇年前にスキー板の生産台数が二〇〇万組近くあったのが、現在では五〇万組まで減った。それでもメーカー各社はニューモデルを作り続け、小売店で抱える在庫数は四〇万組に上る。メーカー側では生産調整を図ってはいるが、消費者がニューモデルに目を向けることもあって、在庫数に匹敵する新製品を出荷している。その結果、スキー客日本一の長野県のスキー場や、スキーメーカーから搬出されたスキー板は、長野県のスキー連盟と日中友好協会から、スキーメーカーのない中国の東北地方などに、毎年、無償提供されている。その数一万三〇〇〇組。売れ残ったスキー板は、一度もゲレンデを滑ることなく、こうして処分されている。物を無駄にするようになった日本人の姿がここにも現れている。

ホテルを売却

結局藤井さんは、ホテルを売却した。ハワイのコンドミニアムなども処分したら、手元には一〇〇〇万円の再起資金が残った。再起資金が残るだけでも恵まれた幕切れである。藤井さんは、もう一度ペンションからスタートしたいと奥さんを説得したが、奥さんも疲れ果てていた。奥さんには、貴方のロマンにはもうついていけないと言われた。残ったお金を奥さんに渡して離婚した。奥さんの実家との軋轢もあったが、奥さんを愛していた。男はロマンを追いかける生き物である。最近は、ロマンを追いかける男が少なくなった。平成不況のせいばかりではない。日本の男が、妙に小粒になったように思う。

一人になった藤井さんは、次は、好きなジャズを生かして、ジャズのライブハウスをやりたい夢を持っている。洒落たジャズを聞かせてくれるライブハウスなら、筆者は毎日でも行きたい。できることなら、中高年御用達で、茶髪の若者はお断りの店にして欲しい。筆者は藤井さんのロマンを応援したい。

■藤井さんの教訓

「ロマンを追うのに、急ぎすぎた」

2 外車販売——借金で海岸の穴に埋められる

夜中の一時頃であった。千葉の海岸に連れて行かれ、山野さんは掘った穴に埋められた。暴力団がらみの高利の金を借りた報いであった。山野さんは、高利の金に手をだすほど、手形の決済に追われていた。

散々返済を延ばされ、コケにされたと暴力団の組織は怒り狂った。どんな剛毅な男でも、海岸で穴に埋められてはどうにもならない。死んでも親兄弟には迷惑をかけない、と心に誓ってきた山野さんもさすがにまいった。一週間だけ猶予をもらった。さすがに涙が止まらなかったという。いろいろと失敗を経験した人の話を聞いたが、海岸で穴に埋められた話は、強烈であった。文字通り死ぬ思いをしたことになる。

高校を卒業して、外車の販売店に

山野さんは、東北は青森の出身である。出身地が筆者と隣り合わせで、失敗した仕事も、筆者と同じ車の販売で、共通点も多い。子供の頃から車が好きだった、ということも似ている。

高校を卒業して、先生のすすめで品川にあった外車の販売店に、整備士の見習いで就職した。好きこそものの上手なれで、見習は一年で終わるほど、仕事の上達は早かった。一年半で三級整備士の資格をとった。当時は、外車を扱えることには、得意な顔ができたし、何となく誇りをもてた時代である。

整備の腕が上がると同時に、販売の手伝いもするようになる。山野さんにとっては、販売の手伝いをしたのが転機となった。外車とはこんなに儲かるものかと目を丸くした。確かに、外車の中古車は儲かる。筆者の会社でもたまに外車を手がけたが、確かに儲かった。一台五〇万円以上儲かることも少なくない。しかし、外車は故障が多いのが難点であった。故障でクレームが多いことを考えると、筆者は積極的に外車を販売する気にはなれなかった。

独立して外車の中古車ディーラーに

山野さんは、コツコツ貯めた三〇〇万円を元に、独立して外車の中古車ディーラーを立ち上げた。入社して一二年後、三一歳のときのことであった。不動産屋を経営していた郷土の先輩に保証人になってもらい、銀行借り入れもできた。

中古車の場合は、展示場として土地も借りなければならない。東京の場合は、賃貸料も高い。外車は国産車より原価も高くなり、在庫負担も厳しくなる。

場所的によかったことが幸いし、スタートは結構売れ行きがよかった。整備士は自分が在籍した会社からではなく、よその会社から二人引き抜いた。スタートが比較的よかったので、手形で仕入れて在庫を増やした。しかし二年後には、在庫負担がのしかかるようになる。

中古車の場合は、展示場にお金を寝かせているようなものだ。国産車よりは落ち込みが大きくはないものの、在庫日数が長くなると、当然価格も下がる。国産車の場合は、車種によっては極端に下がる。筆者は、「車が氷のように解けていく」、とよく言ったものだ。

山野さんが独立した前年の、昭和五〇年は、塾の乱立が始まり「乱塾時代」といわれた。その年には、ホンダのシビックが登場した。当時としては斬新な車であった。ホンダが勢いに乗ったのは、このシビックの成功からだった。

筆者がトヨタのディーラーに入社しても、しばらくは車がもてなかった。昭和三〇年代は特に地方の場合、自家用車がもてるのは、お医者さんか、景気のよい自営業しかいない時代であった。最初はメカニックを一年経験して、営業マンになった。営業マンになって一年後、ようやく中古のコロナを買うことができた。クラウンを鉄工所の社長に売って、自分が下取りした車を買った。明るいブルーの車体の中古車をなでまわして、大事に乗った記憶がある。会社を経営していた頃には、外車にも乗った。外車では、ドイツの車は比較的故障が少なかったのが、実体験である。筆者は、現在まで自分の自家用として乗った車は、五一台になる。もっとも、中古車ディーラーを経営していた頃には、新車を一週間で手放したりしたことも多い。車屋の社長が乗っている車は、よく見えるらしくて、すぐ売ってくれと言われた。

安易に手形仕入れを増やす

筆者が営業マンになった当時は、ローンのない時代で、「丸専手形」といって、車や高額の商品を買う場合に、銀行で専用の口座を作って専用の手形用紙をもらって、一般の人も手形を発行したものだ。たとえディーラーの社員といえども、会社から車を買えば会社に手形で支払いしたものだ。お客様から「丸専手形」を切ってもらい、会社では割り引いてもらって使った。余裕のあるディーラーは、割り引いたりしないで、手持ちして金利を稼いだ会社もあったと思うが、ほとんどのディーラーは、お金が忙しくて銀行で割り引いたり、メーカーで割り引いて使った。あの頃の営業マンは、手形の不渡り回収までやったので、今の営業マンよりも、数倍仕事が多かった。夜遅くでなければ不在のお客さんもあり、帰宅も当然のごとく、遅くなった。

山野さんの失敗は、安易に手形仕入れを増やしたことであった。確かに、買うときは手形が買いやすい。しかし、その後が問題である。手形の期日は待ったなしに来る。車は売れないで残っていることも多い。そのギャップが大きくなると、にっちもさっちも、いかなくなる。サラリーマン時代には、クレームがきても直接は関係ないが、自分で経営するとなると別である。中古車の場合、クレーム処理の経費も馬鹿にならなくなる。そして社長と呼ばれるようになると、見栄を張りたくなる。高額の商品を扱う場合、多少のはったりは必要とは思うが、見栄は何にもならない。最後に自分が苦しむだけである。

ベンツを乗り回し、ゴルフにも行く

山野さんは、自家用にベンツを乗り回し、ゴルフにも行くようになった。ベンツは外車を販売していれば、経営上必要な車として認めるが、ゴルフは早すぎた。筆者はトヨタのディーラーで、営業所長をやらしてもらっていた頃に、コースに一度出てゴルフは止めてしまった。生まれつき気が短いので、止まっている球が満足に飛ばないのには、我慢がならなかった。お客さんのカルチエのライターと、フルセットを交換してゴルフは終わりにした。それ以来、ゴルフは亡国の遊びと悪態をついてきた。自分勝手な意見とは思うが、経済界の現在の状況を見れば、ゴルフは亡国の遊びと言えなくもない。またゴルフ場の惨状は目に余るものがある。名門コースと言われたゴルフ場まで簡単に潰れている。まさに亡国の遊びである。

手形に追われて倒産

山野さんも手形に追われるようになる。聞いてみると筆者の場合とまったく同じで、手形を落とすことだけが眼中にあって、後は目に入らなくなったという。社長が金策に走り回るようになると、当然の如く売上も落ちる。焦りが焦りを呼び、行動に落ちつきがなく

なる。社員は、親の背中を見るようにして、社長の背中を見ている。社員の前では決して弱気な姿勢を見せてはいけない。泰然としていることが必要である。山野さんは最初に述べたように、親兄弟にだけは迷惑をかけないつもりだったが、海岸で穴に埋められて、親兄弟に泣き付くことにもなる。暴力団がらみの高利の借金は、親兄弟から借りて何とかなったが、手形のほうを落とし続けるのは、とても無理があった。

同業の友人は、もうここまできたら一旦手を上げるしかない、と泣きながら忠告してくれた。山野さんも、友人の忠告で目が覚めた。手形を落とすことしか頭になかったのは、ほとんど病人のような状態であった。筆者も経験から、山野さんの言う、「病人」という表現は当たっていると思う。

結局五年で倒産した事になる。一年後には、土壇場で親戚などから集めたお金で、「喫茶店」を開業した。たまたま喫茶店がブームのようになり、お客が入った。店を二店持ち売上もよかった。二店とも、同じ時期に先輩の不動産屋が、買い手がいるから売ったほうがいいと勧めてくれた。丁度バブルの真っ只中で、よい値で売れ、借金を親兄弟に返しても、かなりの利益が手元に残った。山野さんのツキがまだ残っていたようである。

異業種に進出して成功――過去の失敗を生かす

筆者が取材した中で、違う業種に進出して成功を収めた数少ない人物である。現在、西新宿で「不動産会社」を手堅く経営している。そして《ムリ、ムダ、ミエ》を見事に排除している。喫茶店を売ったお金で、先輩の不動産屋を手伝い、一年後には自分の会社を持った。外車販売の失敗から学んで、決して無理をせず、自分では在庫は持たなかった。在庫を持たなかったことで、バブルが弾けてもケガがなくてすんだ。いくら儲かりそうな物件でも、在庫を持たない主義で通している。だが、何ヵ月かに一件は思いがけない価格で手に入る物件がある。そのときだけは買いに入るが、進んで買いに入ることはない。大きな儲けを狙わずに、短い期間で売却する。見事なまでに、過去の失敗を経験として生かしている。

山野さんの実家は、青森でりんご農家を経営している。子供の頃から、農家の仕事を手伝った。青森県は夏が短く、冬は長い。半年雪に閉ざされる。六ヵ月も雪にうずもれる生活をすると、雪が嫌いになる。東北の人間で、特に青森や秋田の生まれで、雪が好きな人間はいないと思う。スキーができていいですね、などと言われると、何年か住んでみてくれと言いたくなる。一晩に三〇センチも五〇センチも積もる。その雪をかたづけるのは大変な作業で、雪など見たくなくなるものだ。筆者も高校時代までは、スキー部で活躍したが、それでも雪は好きになれない。田舎では、雪は邪魔者でしかない。半年雪に閉ざされる経済的なハンデも大きい。

スポーツと事業の共通性

子供の頃から、雪と格闘して親の手伝いをしていると、自然と逞しくなる。都会の子供達とは、根本的に違う。雪国に住んでみればわかると思うが、寒さも半端ではない。筆者はスキー部でアルペンの種目をやったが、ノルデックをやる連中は、鼻水をたらして、それが顔に凍りついて見られたものではない。筆者はアルペンの選手だったので、ジャンプは三〇メートルぐらいの練習台しか飛んだ経験しかないが、ジャンプの種目は度胸がなければできない。テレビで見ていると、いとも簡単に飛んでいるが、素人はスタート地点に立っただけで、震えが止まらなくなるのが普通である。ランディングバーンの上から、滑り降りるだけでも素人にはムリである。スポーツで度胸が一番必要とされるのは、ジャンプの選手だと思う。筆者はボクシングの選手も経験したが、ボクシングよりも、ジャンプの選手のほうが度胸を必要とする。

山野さんは、高校まで柔道をやり、就職してからも続けて、初段の腕前である。事業に挑戦する人間は、スポーツを経験した男が多い。事業はスポーツと共通する面があるからではないか……。スポーツも、人のせいにはできない、まったくの自己責任で泣くも笑うも、自分次第である。スポーツでは、負けることもある。しかし負け方が問題で、同じ負けるにしても、次につながる負け方をしなくては意味がない。スポーツとはそういうものだと考える。事業の失敗も同じで、負け方がよければ次につながる。山野さんの場合は、負け方が悪くなかった。

相手の立場に立ってものを考える

生半可な経験ではなかった。海岸で穴に埋められるのは、誰でも体験できることではない。山野さんは、販売に関しては車も不動産も同じだという。相手の立場に立ってものを考えられない人間は、何を売らせても成功しないと断言する。この点は筆者と同じ意見である。最近の若い営業マンは、相手の立場に立ってものを考えられない。自分本位でしかものを考えることができない。これでは物は売れない。売れても長続きしない。

筆者はトヨタのディーラーで、営業所長を五年やらせてもらった。四年目にラリーでケガをするまで、一度も販売目標を落としたことがなかった。精鋭だけをそろえれば売れると思っている人が多いが、それはかえってよくない。一人ぐらいは落ちこぼれがいたほうが良い。チームに潤いを与えて、潤滑油の役目を果たしてくれるものだ。ただし、会社にも、所長にも忠実で人間性が良くなくてはいけない。一人の落ちこぼれが、チームの成績を上げる潤滑油になるとは経験から悟ったものだ。会社経営でも、精鋭ばかり集めては、必ず行き詰まる。社内が息苦しくなって、諍いが多くなる。潤滑油になる落ちこぼれも、一人ぐらいはいたほうが全体的に見ればプラスになる、と私は確信する。

嫌なお客には売らない

筆者は、たまに講演に呼んでいただくことがあるが、新車と中古車を合わせて二五〇〇台販売したコツはなにか、と聞かれることが多い。

筆者は、「嫌いな人には売らないことです。仕事ですから、当然たいがいのことは我慢しますが、中には、心の底から好きになれないお客さんがいらっしゃいます。何百人に一人ぐらいですが、そんなお客さんには売らないで、後輩にくれてやりました」と答えることにしている。

皆さん意外な顔をなさる。心底から嫌いなお客さんに、我慢して売るよりも、そのお客を捨てることによって、一台を取り戻すために多くのお客さんを訪問し、努力をする。その結果、一台を失っても、二台にも、三台にも販売につながった。何よりも、心の底から嫌いなお客に売ることは、精神衛生上もよくない。机上の空論を述べる評論家は、嫌いなお客に売ってこそ一人前と言うが、筆者に言わせれば、トップセールスを目指すなら、心の底から嫌いなお客には、売ってはいけないということになる。

ここまでお話しすると、聴衆もなるほどと納得した顔になる。自分の客層がよいと、自然と紹介が多くなる。筆者の営業マン時代の後半は、三分の一は紹介で売った経験がある。

お客に好感を持ってもらうコツ

お客さんに好感を持ってもらうコツがある。まずお客さんのよい部分を見つけ、この方は素晴らしいお客さんだ、と心の底から思い込むことである。筆者は、お客さんのお家へ入る前に、素晴らしいお客さんだと、心の底から思い込んでから入るようにした。こちらが好意をもてば、相手に伝わるもので不思議なぐらい効果があった。ただし、生半可ではいけない。心の底から思い込むことである。

トヨタのディーラーに勤務していた頃、名古屋の本社に研修に行かされた。セールスの研修、営業所長の研修などである。通算では二〇回ぐらい行っている。講師にもいろいろな人がいたが、机上の空論を述べる講師の話は、ほとんど記憶に残らない。やはり、現場で実績を積んだ講師の話は、受講していても、血となり、肉となるのが実感できた。最近は、あらゆる業界で、理論を重視するようになった。机上の理論を重視するようになってから、「失われた一〇年」が始まったように思える。特に、販売においては机上の空論は役に立たない。筆者の講演のテーマに「販売には机上の空論は通用しない」がある。物を売る前に人間を売り、相手の立場にたってものを考える。これが基本ではないかと思う。

褒めることにはお金がかからない。筆者は家が立派であれば、家を褒め、家が立派でなければ、子供さんを褒め、家が立派でなく、子供さんもいなければ、犬を褒めて車を売った。本人もさることながら、子供さんにも気を使った。親の心理としては、自分よりも子供に気を使ってくれると嬉しいものだ。子供さんの誕生日には贈り物をした。運動会や修学旅行には、必ず何か届けた。小さなことの積み重ねが大事なことは、長年続けているとわかる。田舎の会社は、ほとんどが中小企業である。慰安旅行、忘年会、花見、きりたんぽ会（秋田独特の飲み会）など、必ずお酒を届けたりすることを忘れなかった。

筆者はボクシングで、公式のリングに立った経験があるが、リングに立てば自分しか頼れない。事業も同じである。営業マンも同じで、頼るものは自分しかない。

筆者が後輩によくいった言葉がある。「完全燃焼」の営業マンは、自分が完全燃焼できなければ一流になれないと。お客さんは不思議なもので、売れている営業マンから買いたがる習性を持っている。筆者がトヨタのディーラーで新車を売りまくっていた頃、知らない方から電話をもらったことがある。訪問してみると、「あんたは、この街で一番売っていると聞いたから」といわれて、契約をもらった事が何度かある。お客さんは、多く売っている営業マンは、信用があるから売れていると思うから、多く販売している営業マンから買いたがる。

トヨタの営業所長時代に、営業マンに口癖のように言った言葉がある。《売ったか、売れたか》営業ではツキで売れることが往々にしてあるが、それではダメだと。筆者は、ただ売れたのはあまり評価しなかった。たとえ一台でも、ひたむきに売ってきた営業マンは評価した。ひたむきになって売ることが、将来の糧になり、力となって生きてくる。

カラ元気も必要

営業マンの常で、スランプになることもある。その時にこそ「売れているような顔をする」。これは効き目がある。カラ元気でも元気を出して、電話の応対も、普段より歯切れよく応対する。そうしているうちに、あっという間にスランプから脱出できた。朝も元気よく挨拶を交わす。いつのまにか売れ出したものだ。

「売れているときは、売れていないような顔をしろ」ということは、謙虚になれという意味である。営業マンでも、トップセールスは例外なしに謙虚である。営業の世界でも、スポーツの世界でも、慢心で消えていった例は、はいて捨てるほど見てきた。謙虚であることが大切である。

毎年トヨタではトップセールスの表彰があり、全国のトップセールスマンと話をする機会が、何度もあった。口から先に生まれてきたようにペラペラしゃべる男は、トップセールスでは一人もいなかった。ペラペラしゃべるセールスマンは二流の営業マンである。一流の営業マンは、聞き上手である。お客さんに多くしゃべってもらい、いつのまにか契約書にハンコを押させているものだ。筆者の場合も、お客さんに多くしゃべってもらい、いつもこちらのペースを崩すことはなかった。

スランプの時には、カラ元気が必要である。小泉首相はカラ元気で持っているようなものだが、カラ元気の必要性は、小泉首相を見ていると理解できる。

山野さんは、不動産の取引では、臆病といわれるほど慎重である。なぜなら、彼は失敗の経験を生かしているからだ。「雪印」が牛肉でも問題を起こしたときに、マスコミは、二度目の失敗と騒ぎ立てた。実は三度目の失敗であった。昭和三〇年の三月北海道の八雲工場で生産された脱脂紛乳から、ブドウ球菌が発生し、都内で一九〇〇人の被害者を出している。マスコミはなぜ二回目といったのか理解できない。広告を多く出す企業なので、手加減したのか、不思議である。失敗を教訓としない場合は、二度でも三度でも、失敗を重ねる。

日本人は、失敗から学ぼうとしない、古くからの習性がある。失敗は早く忘れようとする。それが美徳と見られてきた面はある。「失われた一〇年」を取り戻すには、失敗から学ぶ姿勢を持たなければいけないと思う。外車販売で失敗した山野さんが、不動産で成功している姿を見ていると、失敗から学ぶことこそが大事ではないか、と実感させられる。事業での失敗は辛くて悲しいものである。しかし、神様がさらなる飛躍のために、試練を与えたのかもしれない。そうすると、失敗から学んでさらなる飛躍をしなければ、神様の好意を裏切ることになる。

山野さんの明るい顔を拝見していると、手痛い失敗を経験した人には見えない。失敗から学び、それを現在に生かしているからである。

■山野さんの教訓

「安易に手形を切ってはいけない、後が恐ろしい」

3　旅行会社経営――不渡手形をつかまされる

家業の縫製業を継ぐ

石田さんは、一〇数年前まで旅行会社を経営していた。昭和五〇年代は、日本人が、海外に積極的に出るようになった時代であった。ビジネスの出張も、旅行でも右肩上がりで海外旅行が増えた。石田さんは、もともと家業の縫製業を継いで、縫製工場を経営していた。東京生まれ、実家は日暮里で、江戸っ子である。

本人は家業を継ぐのは好きでなかったが、父親が病弱で、継がざるを得ない状況になる。東京はその頃、工場を稼動するには、住民から何かと文句が多くなった。

結局工場を埼玉県に移し、数年後には、自宅も埼玉に構えた。縫製は、業界用語で、「厚物」を作った。カバン類である。ブランドを持つ、メーカーからの注文で、材料もすべて自分で仕入れた。後で、材料だけでも、メーカーから送らせれば、被害を最小限にとどめられた、と後悔したが遅かった。

メーカーが突然不渡りを出す

メーカーからは、手形で支払いを受けていたが、そのメーカーが突然不渡りを出す。前触れは何もなかった。正しく青天の霹靂であった。

石田さんは、友人が大手の旅行会社に勤めていた関係で、旅行会社も経営していた。旅行社のほうも、従業員は三人ながら、順調に業績を上げていた。もともと旅行が好きであったので、旅行の仕事には特に身を入れるようになった。不渡りの一報を受けたのは、三泊四日の東南アジアツアーの、添乗で同行している時であった。

現地の旅行社にメーカーの不渡りの連絡が入った。お客様を残して帰るわけにも行かず、「あの時は、孫悟空のように雲に乗って空を飛べたら、と本気で思った」と石田さんは言う。確かにその気持ちはわかる。今まで信用があった手形であれば、なおさらのことである。高額の受取手形は、割り引いて使っていた。とりあえずの処置を、奥さんに指示したものの、取立てに出して、その手形が落ちるのを当てにしていた分もある。香港に着いたばかりで、あと二ヵ国行って二泊しなければならなかった。気ばかりあせってもどうにもならない。

帰国して間もなく、一回目の不渡りを出すことになる。二回目を出さないためには、無理に無理を重ねる。筆者も、経験者だからいえることだが、一回目の不渡りを出してから、二回目を出さない努力は、はっきり言うと、無駄な努力である。一回目の時点で、銀行は見捨てている。見捨てない銀行は、千に一つもない。しかしなかには、個人の債権者を犠牲にしてまで、銀行の返済にこだわる経営者が多い、筆者にいわせれば逆である。とっくに見捨てている相手に対して、なにも、必死で義理立てする必要はない。事態が悪化したときに、力になる債権者を優先するべきである。

連鎖倒産をさける法

石田さんの場合、典型的な連鎖倒産である。防ぐ手立ては二つあった。一つは取引を一社に集中しないことである。あと一つは、中小企業倒産防止共済の特別貸付を利用すれば、倒産だけは回避できたと思う。筆者も、「中小企業倒産防止共済」の貸付は後で知って地団太踏んだ経験がある。毎月一定額（限度八万円）を積み立てておけば、積立最高額（三二〇万円）内で積立金の一〇倍を無担保・無保証で融資してもらえる制度である。二〇〇万円積立していれば、二〇〇〇万円融資してもらえた。今にして思えば残念である。

石田さんは、奥さんには、文房具店をやらせ、こちらのほうも順調であった。さらに、損保の代理店も経営して、正しく順風満帆そのものであった。長年取引してきた、メーカーからの受取手形が不渡りになるまでは……。

未到来の手形も集計すると、焦げ付く金額は三〇〇〇万円にもなった。材料費の支払いにも、当然支払手形は待ってくれない。旅行社の売上などを回して、なんとか半年ぐらいはしのぐものの、旅行社の支払いや、文房具の仕入れにも支障をきたすようになる。健全な経営をしていた部門も、半年でおかしくなった。資金繰りのために、無理をしてツアーを取るようになる。筆者も経験があるが、資金繰りが苦しくなると、商売が弱気になり、儲けが少なくても、現金を見せられるとついつい安く売ったりした。資金繰りのために、原価を割っても売ることもあった。石田さんも同じ経験があるという。

旅行社のほうは、会社関係の慰安旅行や、学校関係の修学旅行など、人脈を生かして、よその会社がうらやむほど仕事の内容がよかった。石田さんの失敗は、メーカー一社に対して、あまりにも取引を集中して、その額も大きくなったことである。連鎖倒産の憂き目に遭うケースは、一社に集中して取引をする場合が多い。少なくとも、材料だけはメーカーから続けてもらっていれば、残った三本の柱でなんとでもなった。

四社とも、比較的堅実な商売である。その点を石田さんに話すと、「今でも、もう少しやり方があったのでは、と考えますよ」と残念がるが、カバンのメーカーに対する、恨みは一言も言わなかった。

不渡りを出したその瞬間は、手形を振り出した経験のある人間しか、わからないものだ。この世の終わりがきたような、自分の人生の幕が下りたような、なんとも形容しがたい心理状況に陥る。

不思議なもので、不渡りを出した後は、何となくほっとするものだ。これで手形に追いかけられて、夢にまでうなされなくてもよいと考えたら、ほっとする心境になる。石田さんに聞いたら、同じ答えがかえってきた。最近は、商取引での手形が少なくなっていると聞くが、よい傾向だと思う。手形の恐ろしさは、手形を振り出した経験のあるものでないと、わからない。

筆者も石田さんの話を聞いていて、残りの三本の柱で何とかならなかったかと、人事ながら残念に思った。

経営者は攻めにも守りにも強く

経営者も、攻めに強い人間と、守りに弱いタイプがいる。筆者も石田さんと同じで、攻めには強かったが、守りに入ると、からきし弱かった。経営者は攻めにも、守りにも強くなるように、普段から心がけなくてはいけない。マスコミがもてはやすのは、攻めに強くて、派手な言動が多い経営者である。今まで、マスコミがもてはやした経営者で、最後まで企業家としてまっとうした人間は少ない。「ダイエー」しかり「ヤオハン」しかり「ハウステンポス」しかり。数え上げたら切りがない。

日本のマスコミは、表面的な面だけを強調する。サラリーマン社長が、創業社長の如く振舞って、自分の息子を社長に据えた例も少なくない。外国では考えられないことだ。個人的な意見としては、大会社のサラリーマン社長よりは、中小企業の創業社長のほうが、人間的にも、経営感覚にも優れた経営者が多いと思っている。大企業の経営者は、景気のいいときは、俺の力だとふんぞり返り、景気が悪くなれば、政治が悪い、政府が悪いの大合唱となる。日本の大手企業経営者は虫が良すぎる。

娘さんの結婚資金にまで手をつけて、目が覚める

話が横にそれたが、石田さんは、娘さんの結婚資金にまで手をつけて、娘さんに泣かれてから目が覚めた。会社をたたんで出直す決心をして、二回目の不渡りを出す。八〇〇〇万円の負債も、個人にはほとんど迷惑がかからなくて、何とか処理できたのが救いであった。自宅は四〇〇〇万円に売れた。埼玉で、昭和六〇年に建てた中古で四〇〇〇万円は、かなり立派な家である。石田さんは、四社も経営していたので、ほとんど休みなしに働いた。休みなしに働いた経験は筆者にもある。しかし、人間は、休養を取るときは取らないと、判断力が鈍ることが往々にしてある。判断力を保つためには、気分転換と、適度な休養も必要である。

石田さんは、話していてもわかるが、誠実な人柄で、何でこんな人がひどい目に会うのだろう、と考えさせられるほどだ。人間社会は、誠実で人を裏切ったことのない人が、人に裏切られる。メーカーの社長は、不渡りになるまで、苦しいそぶりも見せなかった。同族経営で、放漫経営が原因だったようだ。取引していたメーカーは、散々いい思いをして、六〇億円の負債で倒産した。結局そのメーカーからは、一円も回収できないで終わった。

旅行社の営業は、石田さん一人で受け持った。ＰＴＡの役員を引き受けたり、ライオン

ズの会員になったりしたことが、営業にはプラスになった。学校関係の修学旅行は、ほとんど受注した。ライオンズの関係で、会社関係の慰安旅行も、地区では石田さんの独壇場であった。大手旅行会社の友人による、アドバイスもあったものの、埼玉の田舎では、バス旅行を企画すると、ほとんどすぐ売れた時代であった。石田さんは、もし今まで続けていたら、旅行業界に逆風が吹く、この激動の時代に続けられたか疑問だと本音を語ってくれた。

どんな状況になっても、堅実に経営を続ける会社もある。「石田さんなら、今の時代でも続けられたでしょう」と言うと「有り難うございます」と素直に応じてくれた。

旅行に関することを少し教えてもらった。石田さんは、旅先から、自分宛に絵葉書を出すことがお勧めだという。文字として残るから、記念になるし、忘れやすい人には特にお薦めする。それから、新しい靴は履かない。せっかくの旅行で、靴擦れで苦しむ人を見ることがあるが、防げることは防ぐことが必要。また健康保険証のコピーを持参すること。国内を何日か泊まる旅行の場合、健康保険証のコピーは忘れずに。出発前夜に、メモを見ながらすべて揃えておくことも、基本的な心得。特に、ビジネスの出張の場合、名刺は名刺入れのほかに、財布にも入れておく。名刺入れを忘れても、財布の名刺で何とかなる。

ビジネスマンが出張で名刺を忘れることは、この上ない恥。お金とカードは何ヵ所かに分散しておく。万が一、財布を落としても、カードとお金を分散しておけば何とかなる。さすが元プロ、非常に参考になることを教えてもらった。

事業から撤退した人特有の人の良さ

石田さんも、事業から撤退した人特有の、人間性の良さを持っている。人が良いから、不渡手形をつかまされる、と言えばそれまでだが、誠実で、人がよい人間でも、事業を続けられる社会にならないものかと考えてしまう。昭和四〇年代までは、まだお人好しでも事業を続けられた。なぜなら、回りにお人好しが多かったからである。日本人が金、カネと銭を追いかけるようになってから、「悪貨が良貨を駆逐する」というこの言葉が現実となった。

大企業の経営者は特に、人格識見に優れた人が少なくなったように思う。なぜなら、悪人でなければ社長が勤まらない社会になったからである。冷酷な首切りを行っても、平気でいられる男でなければ、社長が勤まらない。人相の悪い社長が多くなるわけである。

何か不祥事が起きたとき、上場企業の社長がテレビに登場するが、ひどい顔をした男がほとんどである。

事業は、四本も柱があっても、倒れるときは倒れる。本当に難しいものだ。一社に偏った取引はしないことを、事業を続けていく上では心しなければいけない。リスクの分散は必要である。特に今の時代は、一部上場の会社でも信用できない。ある日突然、会社更生法の申請、となることも考えられる。六五歳になる石田さんは、白髪で品のよい顔立ちを今でも保っておられる。弁解じみたことや、恨み節は言わない。石田さんのような人は、もう一度経営者として復活して欲しい、と心から思わせる人物である。銀行借り入れは、個人保証を取られていたから、ほとんど丸裸になった。

経営者に対する個人保証制度は考える時期

日本の銀行の経営者に対する個人保証制度は、考える時期ではないかと思う。会社が死んだら(倒産したら)経営者も一緒に殺してしまう制度である。日本の銀行は、金貸しの悪癖が身に染み付いて、現代社会でも古い習慣を止めようとしない。小さな会社の経営者の身ぐるみを剥ぐような個人保証制度は、時代にそぐわないし、真剣に議論する時期ではないかと考える。大企業の経営者は、個人保証しても、税理士も、立派な弁護士もいて、たくさんある個人財産は、別にしかるべき手を打っているが、自営業者に等しい中小企業の経営者は、子供の預金まで封鎖されることになりかねない。一〇〇〇万円の不渡りで倒産しても、中小企業の経営者は、文字通り身ぐるみ剥がされる。それに引き換え、何千億円の負債で倒産する大企業の社長が、ホームレスまで落ちたのは聞いたことがない。個人保証制度はここらで考えるべきである。

■石田さんの教訓

一　一社に偏った取引をした。

二　完全に分社化するべきであった。

三　経理を奥さんに任せた（専門の経理マンを雇うべきであった）。

4　日本そば屋経営——男気がアダになる

田村さんは日本そば屋を二〇年続けていた。経営は順調であったが、友人の連帯保証人を引き受けたばかりに、すべてを失った。取材を重ねてみて、保証人になったばかりに、すべてを失う人が多いのには驚くばかりである。

友人の連帯保証人を引き受けて、すべてを失う

友人から「産廃」の事業を始めるので、保証人になってくれと言われた。最初は断っていたが、「絶対に儲かる」、「今は需要が多くて仕事はさばききれないほど来る」、と友人はいろいろと資料も提示した。何度も頼みにきて、ついにはハンコを押してしまった。その

頃は、田村さんの商売は乗りに乗っていた。銀行に一日五万円の積み立てをしていた。当然銀行にも信用があり、融資するからぜひ使ってくれと言われていた。

しかし田村さんは苦労人なので、借りたものは返さなくてはいけないからと、銀行から無理に借りることはなかった。

日銭の入る商売は、よほどのことがなければ借りる必要もない。二店で従業員は八人ぐらいになり、繁盛していた。しかし、友人の事業は一年で破綻して、一億五〇〇〇万円の連帯保証の責任がまるまるかぶさってきた。友人はスタート時点から、資金をほかに回していたらしい。友人は行方をくらまして、その後一度も会えないでいる。

しかし田村さんにとっては、何がなんだかわからないうちに、差し押さえがきてしまった。それも田村さんが積み立てをしていた銀行からである。「天気の良いときに傘を差し出し、雨が降り出すと傘を取り上げる」銀行の常套手段である。

「連帯保証人」の場合、今の法律では逃げ道はない。保証人が債権者に連帯保証債務を支払った後、主たる債務者（倒産した社長）に同額の支払請求をする「求償権」があるが、この法律は現実的ではない。相手は倒産して丸裸になっているからである。日本の連帯保証制度は考える時期にきていると思う。日本における倒産は、特に中小企業の場合、一族郎党が被害を受け、家族崩壊に及ぶ事があまりにも多すぎる。

仕事に対する良心的な姿勢

田村さんの、仕事に対する姿勢は良心的であった。そば粉の材料は、茨城産の良いものを使った。良いそば粉は、舐めると甘いと言う。うどんの原料の小麦粉は、オーストラリア産が多くなったが、上州（群馬県）産が一番味がよいという。独特の甘味や香り、風味がある。最初は手打ちでスタートしたが、良い機械が出るようになってから、機械を入れて加工した。

田村さんが「日本そば」に興味を持つようになったのは、祖母がそば粉を打って、子供の頃によく食べさせてくれたのが原点であった。祖母が打ってくれたそばは、お店で食べるよりも数倍美味しかった。子供心に大きくなったらそば屋をやって見ようと考えるようになっていた。

高校を卒業してゼネコンの会社に就職したが、三年ぐらいして自分はサラリーマンは向かないと悟った。なにをやるにしても、お金を貯めなくてはと運送会社に入って、長距離ドライバーになる。当時の長距離ドライバーは稼ぎがよかった。三年頑張って、五〇〇万円貯まった。たまたま親戚の紹介で、七〇歳になる主人が経営する日本そば屋に、修業のために勤めることにした。好きこそものの上手なれで、一年で一人前になり、主人に驚かれた。タイミングよく、老夫婦が経営していた食堂を貸したい、という話が飛び込んできた。改装費も大してかからない状態で、渡りに船の話であった。五年後には、そのお店を買い取るほどに繁盛した。

二五歳で日本そば屋を開店

二五歳では若すぎると言われたが、「鉄は熱いうちに打て」とばかりに、日本そば屋に改装して開店した。「良いものを安く」という田村さんの信念は祖母の教えでもあった。「うどん」は確かに儲かる。うどんの場合は、原価が当時は二〇円でできた。小麦粉をこねて作るので、原価が安い。食堂などで、うどんを注文すると主人が嬉しそうな顔をする原因がわかった。そばは原料費が良いものを使った関係で、倍以上の原価になった。そばは、普通の店で四分六分である。そば粉が六分で小麦粉が四分。そば粉だけで打つ店はまずない。あったとしても、相当高い価格でないとお客に出せない。当時でも茨城産の良いものは、一袋一万円以上した。「同割」といって、そば粉と小麦粉を半分半分で打つ店もある。

田村さんは七分三分で、そば粉を七分使った。良心的な商売で、美味しいと評判になった。出前も増えるようになり、夜一一時まで休みなしで働いた。そば粉は「カナダ」や「中国」産のものも多い。田村さんは「茨城産」のもので通した。仕入れは高くても、良い材料で安くすれば、お客さんは必ず来るとの信念があった。

田村さんが開店した昭和五〇年は「複合汚染」が問題になった年である。有吉佐和子が『朝日新聞』に連載した同名の小説が流行語となった。化学肥料、農作物の農薬まみれ、加工食品の着色料や防腐剤などが大きな問題となった。有吉佐和子は文明の危機を訴えて共感を呼び、「複合汚染」について国民が興味を持つようになった時代である。日本そばは汚染されていなくて、体に良いと人気を呼び、開店のタイミングとしては、申し分のないタイミングであった。

今も「複合汚染」は解決されずに、ますますひどくなっているようにも感ずる。当時のマスコミには良心があった。最近のマスコミは、広告費を多く使う企業には、からきし弱くなっている。皆で渡れば怖くないではないが、特別な不祥事が起きたときは、力のある企業に対しても攻撃するが、広告費を多く使ってくれる企業には、不正を積極的に暴きにはいかない。「複合汚染」は二八年前と大して変っていないように思えてならない。

お客のことを先に考えれば、お金は後からついてくる

話を聞いていて、田村さんは経営感覚が良いと思った。当時「日本そば屋」は、夜八時か遅くても九時に閉店する店がほとんどであった。田村さんは営業時間を午前一一時から夜一一時までとした。そばの味もよく、夜一一時まで営業する店として繁盛した。当時二五年前には、夜一一時まで営業する「日本そば屋」は皆無であった。

「お客のことを先に考えればお金は後からついてくる」。田村さんは、この言葉がピッタリの、経営姿勢であった。最近の客商売は、お客のことよりも、コストばかりを気にしすぎである。コストをいくら下げても、お客が寄ってこなければ始まらないのは、小学生でもわかることである。小学生でもわかることを、最近の経営者は疎かにしているように見える。

将棋の升田名人が、ある時、こう尋ねられた。「名人と九段の違いがあるとすれば、どこが違うのでしょうか?」。すると名人はこう答えた。「名人と言われる人は、大事な勝負所で、一旦は、相手の立場に自分を置いてみて、もし自分が相手の立場だったら、次の一手をどう打つか考える。並みの九段は努力さえすれば大抵の人はなれる。しかし、相手の立場にたってものを考えられなければ名人にはなれない」と語ったという。

サービス業にも同じことが言える。相手の立場にたってものを考えることの大事さは、筆者の実体験から身にしみてわかる。筆者も常々思っていた事なので、升田名人のすごさが理解できた。

例えば、人口が五万人の町で、五万人に売ろうとすると、失敗する確率が高くなる。商売は、「この指とまれ」の精神が必要である。筆者がトヨタのディーラーで新車を販売していた頃、エリアは人口が四万足らずの地方都市であったが、四万人に売ろうとせずに、一万人に売ってやろうと考えた。

よく「お客様は神様です」という人がいる。筆者は嫌いな言葉である。筆者はお客さんに喜んでもらいたいので、お客さんとの関係は、「フィフティ、フィフティ」と考えることにした。そのためには、喜んでもらうために最善の努力を惜しまなかった。

まず最初に、お客さんにはどの車種が一番合うかを考えた。自分の都合は後回しである。それから、「買ってください」と言って買ってもらったことがない。買ってくださいとは、一度も言わなかった。「今買えばお得です」とか、「この車のほうがお客様には合っています」、とかは言った。「買ってください」という営業マンは二流の営業マンだ。お客さんが買いたくなるようなセールストークを身に付けることである。

昭和四〇年代は、新車でもクレームが発生することがよくあったものだ。クレームが発生すると、逃げ回る営業マンもいたが、筆者はクレームこそが自分の信者を作るチャンスと考えた。なにをさておいても、すぐに駆けつけた。お客さんは、困ったときにすぐに駆けつけてくれる、信頼できる営業マンだと思い信者になる。クレームは、筆者にとっては、信者を作るチャンスであった。

最近は、「リストラ」、「コスト重視」など、机上の空論に振り回されすぎで、「真心」が疎かにされている。

「良心的な経営がお客を呼ぶ」という基本的なことが最近なおざりにされている。

「もり汁」はみりん、醤油、砂糖を使うが、田村さんは一週間から、二週間寝かせて使ったという。混ぜるにしても時間を置いて混ぜて、いろいろ試行錯誤しながらいい味を出した。当時でも、天丼を七〇〇円で販売する店は少なかった。黒っぽいそばが本来のグルミと言っていいそばである。

苦しんでいるときの押しかけ女房

田村さんは、高校時代は陸上の短距離選手であった。今でも精悍な顔で、昔の渡世人の面影がある。そば屋を経営していた頃は、仕事が終わると必ず日本酒を五合ぐらい飲んだ。友人達と飲みに出ることもあった。気風が良くて女性にはもてた。結局最初の奥さんとは、遊びが原因で別れることになる。二番目の奥さんは、アルバイトにきていた高校生の女の子で、惚れられて一緒になる。何もしないのに勝手に惚れられたとは、本人の弁である。保証人の一件で、店も手放さなくてはならなくなり、自暴自棄になりかけたときに、高校を卒業したばかりの、今の奥さんに救われた。苦しんでいるときに、奥さんにしてと押しかけてきたという。

一文なしになるのをわかって、それでも一緒に頑張ると泣かれた。店にバイトにきていた頃、そんなに親切にしたわけではなかったが、口数は少なくても、思いやりはあった。男らしくて、思いやりがある男は、今も昔も変らずに女性に好かれる。

最近は「日本そば屋」の閉店が目立つようになった。なぜかラーメン店ばかりが増える。テレビで紹介されてから行列を作るようになったらしいが、いつも行列を作るラーメン店がある。二〇分も三〇分も待つ人のことは筆者は理解できない。たかがラーメンを食べるのに、並んで待ってまで食べようとは思わない。終戦当時を知っている身にとっては、行列を作っているのを見ると、終戦当時に戻ったような錯覚に陥る。

ほっとしたとたんに患う

田村さんは、若い頃の無理がたたり、三年前に肝硬変を患った。丁度借金を返し終えたときで、ほっとしたとたんに患った。人間は気が張っていたり、お金に追いかけられているときは、不思議と病気にならないものだ。病気もあきれて逃げていくらしい。ほっとしたときが危ない。筆者も今まで病気らしい病気はしたことがない。まだほっとしてもいられない。病気が逃げていくほうが良い。健康がすべてに優先する。

筆者の場合、若い頃スポーツで鍛えたのが良かった。中学からスキー部で活躍した。スキー部は高校でも続けたが、夏はボクシング部で、二つの部を掛け持ちした。中学の頃はもちろんボクシング部はなかったので、夏は柔道部だった。最近は、一日おきに一時間歩き、シャドーボクシングを三ラウンドこなし、ダンベルを三〇分振り回す。これが病気を撥ね付けていると思う。

渡世人の雰囲気をもつ田村さんは、体を壊してから昔を思い出して、週に、二、三回走るようにしている。最近は体調も戻ってきたので、再挑戦を考えるようになったが、よほど変ったやり方でないと、人気を盛り返すことができないという。今の若者は日本そばには見向きもしない傾向がある。彼らにとっては、体に良いとか、長生きするとかは関係ないもののようだ。限りなくアメリカナイズされ、ハンバーグがお好みで、その割にはラーメンをよく食べる。日本そばも何か良いアイデアを考えれば、古きよき時代の人気を盛り返すことができるのでは……。

そば屋さんとか、寿司屋さんは昔かたぎの人が多い。最近は回転寿司が賑わっているが、安いのが何よりである。田村さんには何か良いアイデアを考えて、再挑戦してもらいたい。年齢的にもこれからである。

■田村さんの教訓

「男気を出して連帯保証人になるべきではない。男気もほどほどに」

5　八百屋経営――〈ムリ、ムダ、ミエ〉が命取り

高田さんは八百屋を経営していた。最盛期には、三ヵ所に店を構えるほど盛業であった。失敗の原因は、結論を先に言えば「放漫経営」である。

月次決算など、一度もやったことがないという。この私でさえ、月次決算はやっていた。古きよき時代には、どんぶり勘定でも立派に経営が成り立った。

高田さんは、高校を卒業してスーパーに就職して、青果部の方へ配属になり、青果一筋で一〇年勤めた。仕事を続けているうちに、仕入れ価格もわかる立場になると、青果とはこんなに儲かるものか、と実感するようになった。こんなに儲かるなら、自分でやってみようと独立した。独立の目的は、単純明快である。もともと、事業は単純明快なものだと

思う。

単純明快な理由で開業したから、開業当初から店は繁盛した。近くに団地があり、同業者が少ないのも幸いした。二年後には、隣町に支店を出した。これまた、順調に売上を伸ばした。ここまでは順風満帆であった。

三店目を出してからつまづく

次に半年後に、三店目を出してからつまづいた。市場調査を、しっかりやらないで出した付けがきた。八百屋がほとんどない地区というだけで、急いで出店したら、八ヵ月後に中堅のスーパーが近くにできた。市場調査をしっかりやれば、スーパーが進出することの情報は入ったはずである。当然売上は落ちる。すぐに撤退して、二つの店に全力を挙げるべきであった。

昭和一六年生まれの高田さんは、年代的にも、面子にこだわる年代である。我慢して営業を続けたら、瞬く間に赤字が増えた。サラリーマンを経験した人間の癖で、量を追いかけたくなる。銀行にも、いいところを見せておかなければならない。辛い日々が続いた。

事業においては、〈ムリ、ムダ、ミエ〉が禁物である。特に中小企業にとっては、〈ムリ、ムダ、ミエ〉は命取りとなる。高田さんは、この三つともあてはまることを続けた。社長を続けていると、自分では気がつかないうちに、ミエが身についてくる。経営が苦しくなると、逆に高い機械を入れたりして、ムリをしたくなる。そして、苦しいのを隠すが如く、事務所を立派にして見たり、応接室を立派に改装したり、ムダなことをする。そして、ベンツに乗ったりして見栄を張りたくなる。筆者が自分の目で確かめてきた例なので、間違いない。中小企業の経営者にとって、〈ムリ、ムダ、ミエ〉は禁物である。

スーパーに対抗して失敗

スーパーに対抗して、安売り攻勢をかけたのも失敗であった。相手は、スケールメリットがあり、仕入れ価格からまるで違う。まともに対抗しても、勝てるわけがない。渦中にいると、周りが見えなくなるから、突っ走る場合が多い。気がついたときは、他の二店の利益も落ちていた。安売り攻勢をかけ、月次決算をやらなかったつけがきた。月次決算をやっていれば、対処できたはずである。高田さんとは親しい間柄なので、典型的な放漫経営だね、とはっきり言うと、「あんたの言う通りで、返す言葉もないよ」と今になってから残念がるが、人間は失敗してから目が覚める。

その後、二年持ちこたえるのがやっとで、ついには倒産となる。その間、高利の借金も利用し、金の面では随分苦労した。自宅も競売になる。競売になった元の自宅も見せてもらったが、一回が店舗で、建坪六〇坪ぐらいはある、なかなか立派な家であった。街の中心部からは少し離れているものの、大きな団地が近くにあり、筆者も残念な思いをさせられた。青果の場合は、品物を見る目を養ったりしなければならず、経験が物をいうようだ。

ひたむきな心

どんな商売でも、経験が必要だが、経験年数の長さもさることながら、どれだけひたむきに取り組んだかが問題である。筆者は経験の長さよりも、ひたむきに取り組んだかどうかが商売を左右すると思う。車の営業を一三年経験し、トヨタのディーラーで新車を一二〇〇台販売したことは前に述べたが、新人の頃は、不思議と契約が取れるものだ。それは、ひたむきな心があり、そのひたむきさがお客に伝わるからである。

筆者が講演でお話をするとき、「ひたむきな心」がすべてを解決すると申し上げる。営業や商売ではひたむきな心が、お客の心を打つものと経験から確信する。最近の営業や商売人には、ひたむきな心が欠けている。マニュアルよりも、ひたむきな心がお客の気持ちを捉えるものだと、実体験から申し上げる。商売人が、ひたむきな心を失えば、そのときから事業は衰退する。

筆者は、車の営業を一三年経験したが、なるべく営業マンらしくならないように努めたものだ。その道で人並み以上になった人間は、例えば「石原裕次郎」にしても芸能人らしくなかった。学者にしても、一流の学者は、学者らしさを見せない。その道にどっぷりと漬かることなく、冷静に眺める目も必要である。

高田さんには、もちろんひたむきな姿勢があった。子供さんが二人で、家を明渡す頃は、中学の一年生と三年生。上が男で、下が女の子であった。一番多感な時期で、親の苦しむ姿を見るのは辛かったと思う。それも、これも、すべてが放漫経営の報いであった。

だが、高田さんは、恨み節を口に出さない。高校時代から、空手をやっていたので、失敗は自分の責任ととらえて、決して人のせいにはしない。人のせいにしたがるのは、大企業の人相の悪い経営者と、政治家ばかりである。

高田さんは、支店を増やし、店頭に上場するつもりであった。八百屋でも、展開次第では上場できることを証明したかったようだ。確かに、上場すれば莫大な創業者利益が入る。株を少し処分しただけでも、大金が入る。夢を実現させてやりたかった。八百屋で上場すれば、マスコミもここぞとばかり、持ち上げたことだろう。しかし、日本のマスコミは、引きずり下ろすのも早いから、気をつけなくてはいけない。

筆者の家の近くに、チェーン店を展開している八百屋さんがある。週に一回安売りをして、行列ができるほど繁盛している。どんな商売でもアイデアが物をいう。その八百屋さんを見ていると、安売りデーには、驚くような安値をつけている。キャベツを五円で売ったりしている。

ダイエーなどのスーパーも、昔は、目玉商品はやたらと安い価格をつけて、客を呼んだものだ。最近勢いがある「ドン・キホーテ」も、安いものはやたら安い価格をつけている。昔のスーパーのやり方とたいして変りがない。時間を遅くまでやったのが、今の時代に受けたようだ。

日本の経営者は、尻に火がつかないと行動に移らないと言われるのも無理がない。「ドン・キホーテ」はお客本位で商売をしているから、お客が押しかける。商売は、机上の空論はあまり通用しない。特に中小企業には、学者や経済評論家の机上の空論は、ほとんどためにならない。むしろ混乱するだけである。

経営はシンプルな理屈で成り立つ

ヤマト運輸の元会長で、現在ヤマト福祉財団理事長「小倉昌男」氏が「社員を切るから株価も下がる」と、『文芸春秋』〇三年六月号に、素晴らしいことをお書きになっておられたので、紹介する。小倉昌男氏は最近の経営者の中では、筆者が、ただ一人尊敬できる経営者である。二年程前に、筆者がヤマト運輸の業務に関することで、お手紙を差し上げたことがある。すると、丁寧な対応を取っていただき、支店長が菓子折りを持って、筆者の自宅に訪れてくださった。驚くと同時に、誠意溢れる対応に敬服した経験がある。

そのことがなくても、前から小倉昌男氏は尊敬していた。なぜなら、ご自身の経営する会社が、業種的には運輸官僚に対して、圧倒的に立場が弱いのにもかかわらず、利権集団ともいえる旧運輸省に、敢然と立ち向かった経営者である。いくら褒めても、褒めすぎることはない人物である。

小倉氏が『文芸春秋』にお書きになったことは次の通りである。

「経営と言うものは、七面倒な理論ではありません。シンプルな理屈で成り立っているのです。それは何か。式で書いてみましょう。「収入―経費＝利益」とても簡単。数字ではなく、算数です」と。

さらに「いま、アメリカ型経営者がもてはやされていますが、利益を出すために社員を減らし、それが評価されて、株価が上昇するというのは、考えてみればおかしな話しじゃありませんか。理屈に合わない。なぜなら、会社にとって最大の資産は、やる気のある社員だからです」と述べておられる。

また「利益を上げるには首切りによる経費減ではなく、収入を増やすしかない、そのためには、サービス、品質の向上しかない」とも述べておられる。

実体験にもとづく正論で、現場で長年ご苦労なさった、本物の経営者だから言えることである。

中小企業は社長個人の魅力で成り立つ

お客様本位の経営こそベストと考える。中小企業の経営者で、学者の空論かぶれした人が、権限の委譲とか、組織の細分化などを計る。従業員が五〇人足らずの会社で、権限の委譲などしたら逆にマイナスである。なぜなら、中小企業は、社長個人の魅力で成り立っている会社がほとんどである。大企業の真似をするのは、失敗を招くばかりである。社長個人の魅力で取引が成立することが多い。それを、その件は誰それに任せているからと言っては、相手に対して失礼である。

逆に、いったん権限を委譲したが昔を思い出して、組織をシンプルにして、社長に権限を多く戻したら、業績が回復した会社もある。学者や経済評論家の空論を間に受けるのは、ほどほどにしないと、責任を取るのは社長個人であることを認識するべきである。

事業とは利益は後からついてくるもので、お客のことを先に考えるべきである。小倉氏も、「サービスが先、利益は後」とお書きになっておられた。これまた我が意を得たりである。

ＫＦＩ代表の木村剛氏が『サンケイ新聞』の「アーリーウォーキング」で次のように述べておられる。

「銀行から話を聞いただけで〈資金需要がない〉と断定する評論家らがいる。彼らは経営者としてお金を借りた経験がないどころか、中小企業にヒアリングしたこともない。雇用対策を検討する諮問機関なのに学者や評論家ばかりで、自ら人を雇ったことのない人がかんかんがくがくの議論をしている」

さらに木村氏は「実践する覚悟も、責任を取る潔さもない評論家は百害あって一利なし」と断定している。経済関係のエコノミストの中で、筆者が只一人信頼している木村剛氏の意見には、全面的に賛成である。

高田さんの長男は、現在カメラマンとして活躍している。親の苦しい姿を見てきたので、なかなかの努力家で、今では個展まで開いたりしている中堅のカメラマンである。立派な息子さんである。高田さんも、技術を身に付けるのが何よりだと、カメラ学校に行くのには、諸手を上げて賛成した。事業から撤退してみて、技術がないのは潰しがきかないことが、身にしみてわかったからである

スーパーに対抗して《刀折れ、矢が尽き》、倒産にいたった姿は、潔いと言えば、潔いものの、事業は継続することに意義が有り、潔くても倒れては何にもならない。高田さんの失敗の原因は、経理を重視しなかったことである。経理をしっかり処理していれば、失敗する前に気づいていた。筆者の実体験からいうならば、経理は、できるだけ優秀な人材を置いて、奥さんが片手間に見るようなことはしてはならない。これが実感である。

■高田さんの教訓

「経理を重視しないで、ムリ、ムダ、ミエが多かった」

6　元施設の園長――失敗して僧侶となる

今川さんと、一四年ぶりで再会した。久しぶりに会ったら、なんと派遣僧侶をやっていた。一四年前は施設の園長を退職したばかりであった。派遣僧侶をおやりになっていたのには、さすがに驚いた。

司法試験に失敗

今川さんは中央大学の法学部を卒業して、弁護士を目指し、卒業後も司法試験を二度受けた。なんとしても弁護士になりたかった。

さすがに大学を卒業してから、二年もたつと周囲の目も厳しくなる。司法試験に二年続けて失敗してからは、福祉施設で臨時の職員として働くようになった。司法試験に合格するためには、本人の努力もさることながら、周囲の理解がないと無理である。挑戦して一〇年目で合格する人もいる。弁護士になれは、世間から尊敬を受け、正義のために働くことができる。男として、最高の仕事ではないかと思っている。今川さんは、五〇を過ぎた今でも、挑戦したい思いはあるという。

五〇万円の月給に目がくらみ

司法試験に二度挑戦してから半年ぐらいして、弁護士事務所の助手として働いてみないか、と先輩から話があった。同じ頃、施設の園長の話がきた。月給が五〇万円、一方弁護士事務所はその半分にもならない金額であった。今川さんは迷いに迷いながら、五〇万円の月給に目がくらんでしまった。

あのときがわかれ目だった、と今川さんは無念の表情を浮かべる。園長をやりながらでも勉強はできると、高をくくっていたが実際は違った。気苦労が多くて、勉強する気力もなかった。

知恵遅れの子供を預かる施設は、いろいろと問題が多かった。政治家が福祉を食い物にしかねない状況でもあった。

筆者は、声高に〝福祉、福祉〟と言う人間をあまり信用しない。ボランティアも同じで、最近のボランティアは売名が見え見えの例が多すぎる。昔は、名前を名乗らないで善行を行う人が多かった。人助けとボランティアは違うような気がしてならない。ボランティアは声高に名乗って行い、人助けは黙って名乗らずに行うものだと思う。

福祉とかボランティアを声高に叫ぶ男で、まともな男に会ったためしがない。人助けがしたいなら、黙って名乗らずにやるだけの善意を見せて欲しい。

今川さんは、園長を続けているうちに、福祉の世界の実態を見て、表と裏の違いの激しさに、つくづく嫌になった。理事長や役員は、当時のある革新政党に上納金を納めさせられていた。どんなにきれい事を言っても、野党も与党とたいして変らない。今川さんはつくづく馬鹿らしくなって、二年で園長を辞めてしまった。

筆者が一四年前に交友があった頃は、園長を辞めて間もなくの頃であった。今川さんの失敗は、弁護士事務所の助手にならず、月給の多さと、福祉という見栄えのよさにひかれて、施設の園長を選んだことである。園長を続けながらでも司法試験の勉強はできると思っていたが、実際はとてもムリであった。結局、二年間、司法試験の挑戦も途絶えているうちに、ついには弁護士になることをあきらめざるを得ない状況となった。

不動産の会社を設立

その後、不動産取引の資格を生かして、自宅に不動産の会社を設立する。今回の登場人物は、なぜか不動産業に興味を持つ人が多い。確かに、人の束縛は受けない。真面目にやれば収入も悪くはない。良い物件を安く提供すれば、お客に喜んでもらえる。今川さん曰く、真面目にやれば、心から感謝されることが多いと言う。今川さんの実家が土地を多くもっている関係で、今川さんには信用もあった。

大病を患う

不動産が軌道に乗ってきた頃のことである。

毎日晩酌を飲んでいたが、その日に限って、酒がまずくて少ししか飲めなかった。自分でも変だなと思いながら、ベットで横になった。すると何度も吐いた。今までなかったことである。しびれもあった。結局、朝まで我慢して、自分で車を運転して病院に行った。一時間遅かったら大変だったといわれ、即手術となった。「食道静脈瘤」と診断される。一ヵ月入院して命が助かった。

半年後に、定期検診で「食道ガン」が発見される。幸い初期であったことから、一週間ぐらいの入院で、ガンは切り取ってもらえた。

僧侶の資格を取る

二度目の入院で僧侶になる決心をする。早速「仏教大学」に連絡を取り、通信教育の資料を送ってもらう。一年通信教育を受け、京都に研修に行き、念願の僧侶の資格を取った。

宗派は「浄土宗」である。葬儀会社からの依頼で、仕事もくるようになった。今川さんはあまり欲がない。積極的に仕事をとろうともしないし、成り行き任せで、達観している。

僧侶の資格を取ることに関しては、中央大学法学部を卒業した今川さんにとっては、そんなに難しいことではなかった。大病を患い、人生観が変った。「無明」「光明」を今川さんは口にする。人間は老・病・死は避けられない。親鸞聖人は「無量光明土」を説いた。光のように人を照らしてくださる。ありがとうと思う心、「南無」の心が大切である。

最近の日本人は「南無」の心がない、と今川さんは嘆く。人間には人知の及ばない部分があって、最後には知恵が救うことが多い。今の若者は、丸暗記の、知識はあるものの、知恵がない。丸暗記の知識は実社会ではほとんど役に立たない。最後には知恵が人を救う。知恵とは、宗教に対する知恵もある。訳のわからない、新興宗教に騙されない知恵。くだらない新興宗教に溺れない知恵。今川さんは、頼まれれば宗派に関係なく快くひきうける。「同じ仕事を一〇年続けると、人間はバカになる」。今川さんの名言である。自分の経験からも、実感として感ずる部分がある。できれば三年ぐらいで、別の仕事に挑戦するような、生き方が最高だと思うものの、実際は能力の問題もあって、簡単には実行できるものではない。

筆者も友人の保証人にならず、あのまま中古車販売の会社を続けていたら、多分小さな世界に閉じこもって、多少贅沢ができて、馬齢を重ねていたことと思う。事業から撤退して一三年後、最初の本を上梓することができた。失敗もプラスに変わることがある、と心から実感できたときであった。

今川さんは、葬儀に呼ばれてもお金に余裕のない人は、心づけは気持ちだけでいいと言う。坊主丸儲けではいけないと、真面目な顔で言う。確かに京都では、高級クラブで遊ぶのは、圧倒的に坊主が多いそうだ。僧侶は大学時代から興味があったので、弁護士をあきらめても、次善の策としても満足しているようだ。

大病を患って命が助かったのも、これからの人生は人の役に立てるように生きよということだと悟り、法話でも人の心に訴える話をするという。一度今川さんの法話を聞いてみたいものだ。最近は筆者も、人前で「講演」を行うことに、使命感のようなものを感ずることが多い。直接反応を感ずることができて、本と違った嬉しさと、充実感がある。

今川さんの体験を聞いてみると、施設の職員は確かに努力している。朝八時半に出てきて翌朝の九時までの勤務で、変則勤務もいとわずに、必死になって頑張る職員が多かったようだ。

すべての組織にいえる事ながら、末端は勤勉である。なぜか役職が上がるにつれ、ひたむきな心を失う。日本人の悪い癖ではないかと考える。役職が上がっても、ひたむきさを失わない人もいるが、「悪貨が良貨を駆逐する」状態となり、日本の社会では、悪貨が生き残る確率が高くなる。何ともひどい社会になりつつある。この点でも、今川さんと意見が一致した。

日本では、宗教はお願いする相手と考える人間が多い。神様とは、お願いする相手ではなくて、感謝する相手ではないのか……。日本人の多くは現世の利益ばかり願っている。現世の利益を強調する新興宗教が多すぎる。神にお願いするときは、自分が死ぬほど努力しても、願いが成就しないときではないかと考える。筆者はまだ死ぬほど努力していないから、神にお願いすることは控える。感謝だけにする。

弁護士をあきらめた今川さんだが、僧侶の資格を取って、残りの人生を全うする決意をしたことには頭が下がる。人は考えたことを実際に行動に移せないことが多いものだ。ある面では、僧侶は弁護士さんと共通する面があると思う。生きている人を助けるか、亡くなった人を救うかの違いである。法話では生きている人に光を灯すこともできる。今川さんが僧侶になった意味がわかってきた。

■今川さんの教訓

「失敗しても、次善の策がある」

7　家屋の内装業経営――女性で失敗

女性問題でおかしくなる

村田さんは、家屋の内装工事の会社を経営していた。最盛期には従業員は一〇人いたが、それでも、注文をさばききれないほどであった。村田さんの失敗の原因となったのは、女性問題である。職人気質の村田さんは、女性にも一途であった。順調な企業が、社長の女性問題でおかしくなることはよくある。

つい一〇年ぐらい前までは、「追いかける価値のないのが、バスと女、待っていれば次がやってくる」とうそぶいていた筆者には、女性で経営をおかしくするなど、とても理解できない。しかし、村田さんはそれほど一途な人であった。村田さんは、酒もタバコもたしなむが、特に酒が好きで、今でも〝晩酌〟は日本酒を五合ぐらいは飲む。事業が盛業の頃は、接待などで飲む機会も多く、クラブに通う回数も増えた。

そのうちに、四〇代の気性のさっぱりした、村田さん好みの女性と親しくなった。歌手の五月みどりに似ていたとは、村田さんの弁である。週に二回ぐらい、女性の部屋に行くようになるのに、時間がかからなかった。週に二回が三回になり、次には、女性の部屋に一週間も泊まりこむようになった。そうなればほとんど病気で、奥さんが自殺未遂でもしない限り、簡単には直らない。

当然奥さんにもばれた。家庭は修羅場となる。奥さんに、包丁を持って追いかけられたこともあった。事業は、特に自営業の場合、夫婦仲がおかしくなると、事業も下り坂になるケースが多い。自営業の場合は、奥さんの協力が見えない部分で、重要な力を与えているものだ。筆者が中古車ディーラーを経営していた頃、地元の銀行員に、奥さんが経理をやっておられるのでこちらも安心して取引をします、と言われたことがある。

金は使うことに意義がある、と言ってはばからなかった筆者には、現金をあまり持たせられない面があった。村田さんの場合も、奥さんがお金を持たせないようにしたものの、仕事は、現金で取引する場合もあるので、たいして困らなかった。それも、当時仕事が多くあったからである。バブルが弾けて、仕事が減ると、そうもいかなくなる。

バブルが弾け、事業から撤退

女性に夢中になっている間に、バブルが弾け、仕事に身を入れなければと思い直したときは、すでに遅かった。仕事がこなくなった。従業員も、社長の遊ぶ姿を見ていたので、一人辞め、二人辞めして、親戚の若者一人だけになる。奥さんがしっかりしていたので、それまでに台東区に自宅を建てる事ができたが、このままでは、自宅も失ってしまうと考えた奥さんが、事業から撤退することを村田さんに勧める。結果的に、その決断は間違っていなかった。その後の、建設業界の惨状は極端な姿となった。

結局、事業から撤退して、作業場を貸すことになった。近所の親しくしている人の息子が、「ネクタイの製造」をやりたいという事で、月一六万円の家賃で貸す。当分は家賃収入と、多少の蓄えで生活して、景気の様子を見るつもりであった。この辺までの対処はまあまあであった。

社会情勢が急に変わったときは、それに合わせて、動きすぎると失敗する。筆者の友人の中にも、社会情勢の変化に合わせようとして、慌てて動きすぎて失敗した例を見ている。

私の友人は慌てて他の事業に手を出した。経験の少ない他の事業に手を出すことは、特に不況下では自殺行為である。不況になると、よその芝生は良く見えるものである。

筆者はFC（フランチャイズ）が嫌いである。ロイヤリティーを四〇パーセントも払ってFCをやる人を理解できない。友人からFCを勧められたことがあるが、FCの本部を立ち上げることなら考えても良いが、本部に、服従して四〇パーセント以上も払うのはばかばかしい、と断ったことがある。FCのコンビニでも、いっぱしの経営者になったつもりでいる知り合いもいるが、第三者が冷静に眺めれば、本部に利用されているだけの、「奴隷」に見えてならない。二四時間営業の場合は、寝る時間も少なくなる。近くのコンビニの店主は、五〇代で急死してしまった。「FC残酷物語」である。すべて本部のあてがいぶちで、自分の経営理念など、入る隙間もないし、これで満足できるのか、筆者には不思議でならない。村田さんのように、自営業の場合は受注が減ったら、できる限り事業を縮小して、冷静に経済の動きを見極める必要がある。

連帯保証で自宅の差し押さえ

作業場を貸すときに、知人の息子ということもあり、ドイツ製の機械を購入するにあたり、彼の連帯保証人になった。その時の親切心が、後に仇となる。知人の息子でもあり、小さいときから知っていたので、気軽に保証人を引き受けたものの、その事業が、二年ぐらいで経営が苦しくなる。ネクタイ業界も、機械の発達により、安くできるようになり、高級品が売れなくなった。おばさん連中を一〇人ぐらい雇って、ネクタイを作っていたが、急に安物に製品を替えるわけにもいかず、ついには四年で倒産となる。

賃貸料は、最初の一年だけはまともに入ったが、後の三年分は未収であった。村田さんにも影響が出た。機械購入にあたって保証した額が一五〇〇万円で、連帯保証人であったから、自宅に差し押さえがきた。

競売となり、不動産屋が落札して、ついには自宅を空け渡す事となった。その当時のことを語ってくれた村田さんは、人生であんな惨めな思いをしたことがない、と断言した。一〇年住み慣れた自宅を出るときの心境は、言葉では言い尽くせないという。それも、こつこつと貯めて苦労して建てた自宅であれば、その心情は理解できる。幸か不幸か、お二人は子供さんがいなかったが、もし子供がいて自宅を追い出されたら、もっと辛かったことだろう。結局三ノ輪の自宅を引き払い、マンションを借りた。

村田さんにもツキがまだ残っていた。借主である知人の実家の土地が売れて、知人が不動産屋から村田さんの自宅を買い戻してくれた。知人とは、ある宗教団体の仲間でもあったので、相手も真剣にならざるを得なかったようだ。村田さんは二年ぶりに自宅に戻れた。保証人になったお陰で自宅を競売にかけられたが、保証人の相手が、買い戻してくれた例は聞いたことがない。家賃の三年分はくれてやったそうだが、それにしても、運がよいとしか言いようがない。

女性問題は、病にかかるようなもの

女性に夢中になっていた頃は、奥さんも一時は半狂乱になったこともあったらしいが、いずれは帰ってくると、腹をくくった。よくできた奥さんである。「終わりよければ、すべて良し」ですよ、と村田さんに言うと、「全くおっしゃるとおりで、そうなりたいですね」と嬉しそうな顔をした。問題の女性とは、金の切れ目が、縁の切れ目となり、その後接触はないと言う。筆者が得意のセリフ「追いかける価値のないのが、バスと女、待っていれば次がやってくる」と言うと、「あんたいいことを言うね。今度は、俺もそれでいこう」と冗談を言った。「女はその男の最後の女になりたいと思い、男は女の最初の男になりたいと願う」――古今東西、この格言は変らないようである。

でも、本当にいい女だったよ、と村田さんは真顔で言う。事業を一つだめにするほどの女なら、たぶん本当にいい女だったろう。事業をおかしくするどころか、女で人生をおかしくする男もいる。村田さんは、その頃、この女のためなら、命までかけてもいいと、思ったそうだ。当時は仕事のことも、奥さんのことも、何も目に入らなくなったようだ。女性問題は、一つの病にかかるようなものだから、本当に始末が悪い。ギャンブルも病のようなものだが、女性問題よりは、解決が早い。なぜなら、どんな男でも、負けつづけると、ギャンブルが嫌になる。

遊びの経験の必要性

最近の経営者を見ていると、女性に弱い経営者が少なくない。若い頃に遊ばないから、年を取ってから、女性に弱くなる。自分の子供のような若い女性に、情けないほどに弱い姿を見せる経営者は、経営者としては失格である。筆者の知る限り、一流の経営者は、女性にも強い。経営者に限らず、名をなした人間は、たいがい女性にも強い。本田宗一郎さんも、芸者遊びをよくやったようだ。

筆者の実家の隣家は、芸者さんの置屋であった。十和田湖から、車で一五分足らずの温泉場だったので、昔は芸者さんが多くいたものだ。当然のことながら、生まれたときから、三味線の音を聞いて育った。音楽が好きなのは、三味線の音を聞いて育ったからかも知れない。隣りに住む芸者さんには、ボンボンと呼ばれて可愛がられた。芸者さんを見ていると、顔がよくても、優しさのない女性がいたり、顔がよくなくても、心の綺麗な女性もいて、何かと勉強になった。実業家を目指す男は、若い頃に修行のつもりで、遊びを経験しておくことも必要ではないかと思う。村田さんの場合も、職人としての弟子入り生活が長かったので、若い頃、遊びの経験はほとんどなかった。

最初は、「洋家具」製造販売の工場に入り、一〇年修業した。昔は、安い給料でも、仕事を覚えるためには、辛抱したものだ。

誠意の心

村田さんは、洋家具の会社で一人前になると、これからは、家屋の内装の時代になると読んだ。東京の芝にある、内装の会社に移り、一から修行して、七年勤めた。そして、三六歳で独立した。昭和四二年であった。

それから、一〇年後、村田さんは三ノ輪の駅の近くに、銀行借り入れなしで、自宅を建てる。土地は両親の持ち物としても、東京の中心部に家をもてただけでも、立派なものである。バブルの前に、上野に2DKのマンションも買った。自宅が競売になったときには、人に貸していたので、別のマンションを借りた。自宅に戻ることができると決まったとき、マンションを手放して、自宅の改装費にすることができた。どうやら、マンションは別れる前、その女性にタダで貸していたらしい。

村田さんは、都心に自宅を構えるようになるまでは、当然努力もしたと思う。事業で一番大事なものは何かと質問したら、「誠意」との言葉が返ってきた。筆者もそのとおりだと思う。最近の経営者、特に大企業の経営者は、コストを下げる事にばかりに熱心である。コストや利益のことばかり考え、誠意やお客のことは後回しである。これでは、失われた一〇年が二〇年にも伸びそうな気がしてならない。誠意や、お客のことが後回しになるから、大企業による、お客を裏切る不祥事が絶えない。

誠意に関しては、身近な実話を紹介したい。筆者は、現在埼玉県の岩槻市に住んでいるが、佐藤征治郎市長とは、同郷ということもあり親しくさせてもらっている。現在二期目ながら、朝の五時から駅前に立ち、自筆の市政報告をコピーして一人で市民に配っている。市長が直接朝の五時から市政報告を配る、全国でもほとんどお目にかかれない、真面目で誠意溢れる市長である。パソコンで作らずに、自筆の市政報告が人柄をしのばせる。
筆者は政治家が嫌いでほとんど付き合いがないが、佐藤市長だけは別である。誠意の見本のような男で、秋田の田舎から出てきて、夜間の大学に通い、人口一〇万人の市長になった努力の人である。秋田の田舎から出てきて、首都圏の市長になることは、芸能人になるよりも大変なことだ。市長に接していていつも思うことは、人間誠意と努力を忘れずに精進すれば、高校を卒業して田舎から出てきても、首都圏の市長にもなれる、佐藤市長はその手本であると思う。

村田さんは、女性で失敗したが、今でも誠意の心は失っていない。再起に向けて、自宅の元作業場は、借り手がいれば貸したいと考えている。

■村田さんの教訓

「女性に弱かったことに尽きる。男は、できる限り若いうちに、遊びを経験しておくことも必要」

8　料亭経営——人を見る目の大切さ

小さな寿司屋を開業

元料亭経営の工藤さんは、青森県の出身である。青森県人特有の、素朴な人柄が人をひきつける。

青森県で旅館を経営していたが、年々お客は減る一方で、増えるのは借金ばかり。このまま続けても破滅するのは時間の問題となり、知人を頼り、茨城県の古河市に出てきた。田舎で寿司を握った経験を生かし、小さな寿司屋を開業したのである。

素朴な人柄と、正直な商売の姿勢が受けて、数年で多くのお客様の心をつかんだ。街一番といわれるほど店が繁盛したのは、工藤さんの人柄に負うところが多かった。

不動産屋の社長の嫌がらせ

常連のお客さんの中に、不動産屋の社長がいて、いい土地があるので、店を新築しないかと持ちかけてきた。銀行も紹介するからとの話しで、工藤さんは、奥さんの反対をおしきって、大きな店を新築した。彼の失敗の原因は店を新築したことではなく、人を見る目がなかったことである。信用して事を進めた不動産屋の社長が、後でとんでもない結果を招くことになる。

新築開業してからも、客足はよくて、従業員も八人雇うまでになった。寿司を中心にした料亭は、街に少なかったことも幸いした。駐車場が狭いので、隣接地を不動産屋から借りることにした。後でこの駐車場が災いの元になる。不動産屋の経営が芳しくなるにつれ、駐車場の土地を社長が買ってくれと言い出した。それも、相場よりもかなり高い価格である。一応銀行に相談してみたが、売上はよいものの、新築の建築費と土地のローンで一杯の状況なので、駐車場は当分借りていたほうがよいといわれた。

不動産屋の社長は、執拗に買ってくれといってくる。しまいには、お互いに感情的になってしまった。不動産屋の社長は、ここで繁盛しているのは俺のお陰だとの思いがあり、言うことを聞け、といいたげな態度を示す。工藤さんにも津軽人特有の「ジヨッパリ」(意地っ張り）がある。不動産屋の社長はついには、嫌がらせをするようになった。

工藤さんの失敗は、この人は信用していいのかどうか不動産屋の社長の人物を見抜けなかったこと、つまり人を見る目がなかったことが一番の原因である。人を見る目に欠けて失敗する経営者は意外と多い。特に真面目な人や、正直な人が人を見る目に欠けることがある。人を見る目を養うには、遊びを経験することが、一番効果がある。飲み歩くもよし。マージャンをやるのもよし。遊びを経験することである。

私は若い頃、マージャンは、とことんやってみたし、若い頃はよく飲みにも歩いた。女性にも人並みにもてた時代もある。

不渡りを出して、事業から撤退するときに、酒もタバコも止めてから、随分と月日が経った。タバコは一日六〇本。酒はその気になって飲めば、ボトル一本は飲んだ。事業に失敗してから酒もタバコも止めて、自分で、自分にペナルティを科して反省した。しかし車を新車と中古車合わせて、二五〇〇台販売し、多くのお客さんと接した経験から、人を見る目に関しては、誰にも負けない自信がある。残念ながら工藤さんは、根がまじめな人柄で、遊びを経験しないため、人を見る目がなかったとも言える。

お互いに感情的になり、不動産屋の社長が店にヤクザ者をお客によこしたり、貸している駐車場に重機で穴をあけたり、嫌がらせをするようになった。店の前に糞尿をまかれたこともある。工藤さんも、堪忍袋の緒が切れて、目には目を、と知人の紹介で、東京にある大手のヤクザ組織の親分に頼み、東京からヤクザを連れてきて、嫌がらせを止めさせるよう、不動産屋に行ってもらった。効果てきめん、次の日から嫌がらせは止まった。

しかし、今度は相手も違う作戦にでてきた。

工藤さんが東京のヤクザとつるんでいて、元ヤクザだという噂を流した。顔を見れば学校の先生のような顔をした工藤さんは、元ヤクザには見えないが、たいして大きな街でないところで流れた噂は、客商売には打撃であった。

客足が遠のく

客足が遠のくにつれ、ローンの支払いも滞るようになった。客商売で、客足が遠のくことは致命傷である。

どんな規模にしろ、経営者としての資質は、人を見る目が優れていなければいけない。従業員の採用から始まり、取引先、仕入先を見る目が経営に直接結びついてくる。人を見る目が経営者としては、重要な要素であることは、今も昔も変らない。真の経営者は、人を見る目の重要性を理解していた。松下幸之助の人を見る目の確かさは、群を抜いていたという。課長以上の人間を登用するときには、その人間が〝運がよい人間かどうか〟を何よりも重視したという。幹部に運のよくない男がいれば、会社の運気も下がると言った。

工藤さんは、純朴に背広を着せて、わらじをはかせたような男で、従業員の給料だけは遅らせられないと、ついには高利のカネにまで手を出した。自分が創業した会社は、経営者にとっては我が子以上に可愛いものだ。何としても続けたい気持ちが強い。特に経営者をやった人はわかると思うが、状況が悪くなると、どんどん視野が狭くなる。視野が狭くなったときが危険である。人間は状況が苦しくなると、視野が狭くなるものだ。

工藤さんは、まだ冷静さを持っていた。親戚や兄弟から助けてもらって、まず高利の借金を整理した。お店はもちろん銀行の抵当に入っていたので、銀行に任せた。私が感心するのは、まず高利の借金を整理して身軽にしたことである。経営者を続けていると、自分で気がつかないうちに、見栄が身についてくる。

デフレ時代においては、「お金の面では質素、組織の面では簡素、人の面では少数精鋭」、これしかないように思う。

筆者は、いろいろな経営者と接してきたが、営業に強い人は、不思議と経理に弱い。経理に強い人は、営業に弱い。両方完璧な人には、今まで会った事がない。逆にいえば、経理に弱いから、細かいことにこだわらず、営業が強い傾向もある。

水商売が一番難しい商売

多くの経営者に接した体験から、水商売が一番難しい商売ではないかと実感する。水商売とは、広辞苑によると『客の人気によって成り立ってゆく、収入の不確かな商売の俗称、待合・貸座敷・料理屋・バー・キャバレーの類』となっている。確かに不確かな面が多い。水商売だけは自分にはできない、といつも思っていた。アウトロー的な側面もあり、不確かな面が多すぎる。

だから、ある面では開きなおったつもりで、やらなければいけないところもある。

車を買ってくれたお客さんで、客席が二〇人足らずの、小さな食堂を経営しているお客さんがいた。繁盛していて、お昼時には常に満席状態だった。外で待つお客もいるほど賑わった。あまり繁盛したので、主人に欲が出てきて、倍ぐらいの大きさの店を新築した。

結局、新築してお店を大きくしたのが失敗だった。お客さんがお昼時に三〇人来てくれるなら、二〇席でよかったのだ。混んでいればお客がお客を呼ぶ。客商売の不思議なところである。混んでいれば料理の味も実際よりも美味しく感ずるものである。客商売は人気商売なので、混むほどに人気が出る。

新築して、五〇人ぐらいの席ができると、逆に空きが目立つようになった。料理の味は変りがなかったのに、新築したら味が落ちたと噂がたち、新築してから二年後に閉店に追い込まれた。もうひとつの失敗は、メニューを増やしたことだった。注文が割れるため、テーブルに届くのが遅くなる。さらに、仕入れ商品が多くなり、在庫管理に手数がかかる。能率よく進みにくくなり、従業員も数が必要になる。食堂でメニューの数を増やすのは、考え物である。閉店に追い込まれた食堂を見ていて、客商売の難しさと、気まぐれなお客の心理を痛切に感じた。お客がお客を呼ぶ。一〇〇人のお客に七〇席ぐらいで、常に混んでいる状態が一番よいのではないか。工藤さんも、奥さんが反対した理由が、今ごろわかったと反省を口にした。

工藤さんの男のロマンと、奥さんの無理をしたくない思いは、手にとるようにわかる。男のロマンが、失敗を招くことが多いのも事実である。

小さな「寿司屋」で終わりたくない。工藤さんの思いは男として当然とも言える。青森県で苦労していた頃のことを、振り返ってみる必要もあった。最盛期には八人の従業員を使った、と聞いたので、「暇なときはもちろん人があまったでしょう」と聞いてみた。「あんたよくわかるね、そのとおりだったよ」と答えがきた。水商売の場合、従業員は、暇なときに合わせて人を採用するべきだと思う。忙しいときに合わせて、人を雇うと、暇なときには人を遊ばせることになる。金曜日や忙しい日だけは、パートを雇うぐらいの厳しい経営姿勢が欲しかった。常に最悪の状況を想定して、日頃から対応しておくべきである。

工藤さんの失敗の原因は、人を見る目に欠けていたことに尽きる。大会社のトップでも、人を見る目に欠けていたばかりに、取り返しのつかない失敗を犯すことが多い。茶坊主のような男を登用して失敗したり、自分の後継ぎとして選んだ社長が無能で、会社が傾いた例はたくさんある。経営者は会社の大きい小さいにかかわらず、人を見る目を養うことが大切だと痛感させられた。

■工藤さんの教訓

「人を見る目に欠けていた、経営者は人を見る目を養う努力が必要である」

9　鋳物工場経営――階段をかけ上るときは、足もとに灯をともせ

ボンボンで育つ

富田さんは、早稲田大学の理工学部を出ている。昭和三〇年代から富田さんの父親は、上場会社の社長をしていた。一部上場で誰でも知っている有名な会社である。富田さんの父親は、「田中角栄」とも友人で、都内にある自宅に、田中角栄がよくきていたと言う。

富田さんが高校生の頃のことである。「田中角栄」がきていて、「息子も高校生になったんだから、今度芸者のいるところに連れて行こう」と父親に言ったのを今でも覚えている。富田さんの父親は、あきれた顔をしていたらしいが、本当に連れて行きかねない人だった、と富田さんは言う。広大な屋敷にお手伝いさんが二人いて、ボンボンで育った。タクシー

はあまり使ったことがなく、ほとんど、運転手付きの自家用車であった。

小さな鋳物工場を作る

大学を卒業して、富田さんの父親は自分の会社に入れるつもりでいた。富田さんは、父親の会社に入っても、父親を超えることはできない、自分で何かやってみようと考えた。大学で学んだことを実践してみたかった。それは、鋳物の技術であった。父親に保証人になってもらい、埼玉県に小さいながらも鋳物工場を作った。

昭和四〇年代は、日本も活気に溢れていた時代である。特に鋳物関係は需要が多かった。日本の伝統の技術と、最新の技術をうまくミックスさせた工法は当たった。最初は従業員三人でスタートしたが、二年後には一五人に増えた。事業家の父親も驚くほどの勢いがあった。

取引先の不渡りと、経理担当の使い込み

「男が階段を上るときは、足もとに灯をともせ」という言葉がある。勢いよく階段を上るときに、足を踏み外すことが多い。従業員も増えて、父親に対しても得意のときに、痛恨

の出来事が起きた。開業して五年目であった。取引先が、突然不渡りを出した。相手先は信用していたし、友人付き合いをしていた。現金でもかなりの額を貸していた。富田さんは技術的には自信があっても、経営的には甘さがあった。「〇〇に関してはプロだが、経営はプロではなかった」、と言う経営者が多いが、富田さんは、正しく経営についてはプロではなかった。甘さがあった。育ちのよさからくる甘さである。

父親の援助で急場をしのいだか、半年後には、経理の担当者が、使い込みをしているのが発覚する。なんと、競馬にはまって会社の金を三〇〇〇万円以上もつぎ込んでいた。社長の知らない借り入れもあった。おまけに、手形を乱発していた。苦労を知らない人間は、簡単に人を信用する。富田さんは経理課長を全面的に信用して、経理をほとんど任せていて、あまり質問することもなかった。当時の金としては、使われた額も大きくて、親にまた頼むわけにはいかなかった。良い技術をもっているのに、と残念がられたが、支えきれなくなって倒産する。

スーパーに入社

信頼していた人間に、一年に二度も裏切られ、人間不信に陥るほどであった。父親が保証していた借り入れもあって、最後には、父親が金を出して終戦となる。当時の金で、二億円出してもらった。いまさら父親の会社に入るのは意地でもできなかった。大学の友人が、たまたまスーパーを経営する会社の御曹司であった。勧められるままに、スーパーに入社する。二年後には、開発部長として活躍するようになる。イケイケどんどんの時代で、何をやっても面白い時代であった。昭和の四〇年代から五〇年代は、日本人も生き生きとしていた時代である。

富田さんのように、事業に失敗しても、手を差し伸べる人間がいた。当時はまだ日本人に人を思いやる余裕があった。今は、自分のことで精一杯で、人に手を差し伸べる人間がいなくなった。社会に反発力がなくなった原因は、人に手を差し伸べる余裕がなくなったことが大きい。優秀な人材が、一度の失敗で沈んで、なかなか浮かんでこれない現実がある。富田さんはスーパーの会社でも失敗することになる。出店に絡む土地買収で、部下が収賄事件を起こす。部下の不祥事は自分の責任であると、潔く退社した。未練がなかったと言えばウソになる。当時、新規の出店が多く、仕事が楽しい時代であった。夜遅くまで仕事するのは苦痛でなかった。

筆者も、トヨタのディーラーで営業マンをやっていたころは、家に帰れば、「フロ、メシ、ネル」しか言わないと、妻によく言われたものだ。それだけ、全精力を使い果たして、家に帰るのが普通であった。金のことよりも、完全燃焼したい思いが強かった。一度トップセールスになると、なんとしても、トップの座を維持したくなるものだ。それがエネルギーとなって、実績が相乗効果のように上がる。車の営業の場合は、夜討ち、朝駆けは普通であった。田舎の農家は朝が早いので、朝の六時ごろ訪問して契約書をもらうのは、あたりまえのような日々であった。

人間の弱さが失敗を招く

富田さんは、二度痛烈な失敗をした。富田さんと話をしていると、人のせいにはしない、育ちのよさがある。失敗を運のせいにする人が多い。本当は、人間の弱さが失敗を招くことが多い。人の良さ。判断力の甘さ。先を見る目の甘さ。人間の弱さが失敗を招く。富田さんは、昔かたぎの古武士のような性格の父親に、厳しく育てられたほうである。自分よりも立場の弱い人間に威張るやつは最低の人間だ、と富田さんの父親も口癖のように言った。昔の経営者は、人間としての基本を大事にした。

あるとき、お手伝いさんに生意気な口を利いたら、父親にひどく殴られたことがある。

一流の経営者は、息子にも厳しかった。富田さんは、話をしていても謙虚な姿勢を崩さない。若い頃からの習慣が今でも生きている。

喫茶店を経営

その後、奥さんの勧めで「喫茶店」を経営する。富田さんは、高校生が店でタバコを吸うと、銭は要らないから帰れと叱りつける。自分本位の若者が多くなり、親もあまり叱らない風潮が、日本をだめにしていると富田さんは嘆く。富田さんは、マナーの悪いお客には、銭は要らないから帰ってくれと平気で追い出す。富田さんは、今の若者は嫌いだ、とはっきり言う。筆者も最近の若者は嫌いである。現代の日本の大人ぐらい、若者に媚び、へつらう大人は、世界でも珍しい存在である。日本の大人は弱すぎるような気がしてならない。欧米では、間違ったことをする若者には、大人がすぐに注意する。

富田さんの実家には、「田中角栄」をはじめ、有名な財界人も出入りした。自宅を訪れる財界人を見てきた富田さんは、昔の財界人は品があった、最近の財界人は品がなくなった、とはっきり言う。確かに、顔で判断してはいけないのはわかっているが、あまりにも人相に品がない財界人が多くなった。富田さんは、随分と人に騙された経験があるが、人を騙したことは一度もない。騙すよりも、騙された人生の方が納得がいく、と話してくれた。自分を騙した人間も、そのことによって一瞬でも良い生活をしているはずだから、良い思いを少しでもさせてあげたと思えばいい。富田さんは今ではそう思うことにしている。

■富田さんの教訓

「人間の弱さが失敗を招く。人を信用するのは、人をよく見極めてから」

10　貴金属加工販売――チャンスを逃す

税理士の叔父の助言

木村さんが、貴金属の世界に入った理由はユニークである。叔父さんが税理士をやっていて、高校を卒業するとき、就職を希望していた木村さんに進路に関する助言をしてくれた。木村さんの叔父さんは体験から次のように語った。いろいろな会社を見ているが、堅実に儲かる業界は貴金属だ、と貴金属の業界に入ることを勧めた。

筆者もはじめて聞く例だが、確かに税理士さんなら、担当している会社の中身は、手に取るようにわかる。税理士さんが勧める業界であれば、ほぼ間違いないと誰でも思う。

木村さんは、宝石は好きでもあり、ロマンがあると考えて、迷うことなく貴金属の世界に入った。昭和四四年であった。この頃から、日本人が《エコノミックマニアル》と呼ばれるようになった。巷では《アッと驚く為五郎》が流行語となった。テレビでは「シャボン玉ホリデー」がのどかなコントを繰り広げていて、あの頃は日本人の心もまだ荒んでいなかった。

独立して仕事も順調

木村さんは最初、大宮にあった貴金属加工会社に七年勤め、基本からマスターして何とか一人前になった。独立を考えていたので、さらに一段上のレベルを目指して、東京の板橋にある、業界では一流といわれていた会社に移った。板橋の会社では、間もなく部下を持たされて、指導的な立場についた。そして、二年後には茨城の実家に帰り独立する。

御徒町にあった問屋も知り合いになっていたので、加工の仕事を回してもらった。特に一〇〇〇万円以上の指輪などは、木村さんのところに依頼が来るようになった。仕事に間違いがなく、仕事がよくできたからである。問屋の仕事をしながら、個人からの依頼も来るようになった。ほとんど口コミで、個人の依頼が全体の二割ぐらいであったが、結構利益率がよい仕事で収入も上がり、実家の近くに家も建てた。

よい話を断る

ここまでは順調であった。その頃、近くにスーパーができる事になり、木村さんにテナントを出さないかと、話がきた。スーパーが建つ地主の紹介なのでよい話であった。木村さんは、自宅も建てたばかりで、資金も少ないこともあり、躊躇しながらもこの話を断った。

木村さんの失敗は、このよい話を断ったことである。スーパーが開店してから、木村さんの代わりに出店した宝石店は、街に貴金属の店がないこともあり大変繁盛していた。現在も堅実に営業している。

木村さんの失敗は、好機を逃したことである。神様は、あらゆる人間に餌を与えるが、餌を巣に投げ込むことはしない。自分で取りに行くことである。チャンスは逃してはいけない。木村さんは、せっかくのチャンスを逃した。数年後にバブルが弾け、問屋からの仕事が途絶えた。あっという間の出来事で、いったい何が起こったと思うほど、急に仕事が来なくなった。個人からの依頼は、もともと二割ぐらいであったので、問屋に頼るほかなかった。

貴金属加工業の状況

あるときに、御徒町にある問屋に行って、現状を聞かされ愕然とした。高いものが売れなくなり、安いものは、タイから仕入れたり、タイで加工する業者が増えていた。東京の御徒町は、貴金属の加工業者や問屋が多い街である。一時は御徒町の宝石問屋が三〇〇〇軒といわれた街である。二〇〇一年八月業界最大手の「ビークリエイト」が負債四〇〇億円で倒産する。今では、御徒町のビルは空いているテナントが多い。まるで櫛の歯が抜けたような状態である。今は宝飾品の街も寂しい状況となっている。

手作業で加工して、技術を競った業界であったが、ドイツの優秀な機械ができてから、加工も機械でやることが多くなった。タイの人間は、手先が器用で、勤勉な性質を持っているので、貴金属の加工には適しているという。木村さんは、最近中国にばかり進出する企業が多いのを懸念している。

最初は、「韓国」で作られた安価の貴金属も、「香港」から「タイ」に移ったことになる。タイに行って指導して作らせる日本の企業が多くなった。タイの人間は、ハングリーだし勤勉なのが何よりだという。

木村さんに、貴金属を加工する上で失敗はないものか、と素朴な疑問を聞いてみた。工程の最後に、「石留め」といって宝石を台に留める作業があるが、そのときに石が欠けることがあるという。欠けた石は、研磨して加工するので欠ける事に関しては、大きく欠けない限りさして問題はないという。しかし、割れる場合が問題で、半分に割れて、弁償することになる場合もあるという。

今をときめく、大手の貴金属販売店「ツツミ」も、最初は木村さんと同じ加工業者であった。チャンスを捕らえきれなかったことは、木村さんにとっては痛恨の失敗である。

岐路に立ったときの直感力

事業を経営することの難しいところは、岐路に立ったときの直感力ではないかと考える。下手な理屈を千回聞くよりも、直感力に磨きをかけることが大切である。

「松下幸之助」は非常に直感力の優れた人であった。ある時会議中に、綱島にある工場で、何かトラブルが起きそうな気がした。そこで工場にすぐに電話をかけた。担当者が工場を見回ったところ、まさに、トラブルが発生する寸前にそれを発見し、事なきを得たという実話がある。

千の小理屈よりも、直感力がものをいうことが事業における実戦では多い。「千の小理屈より、直感力を磨く」――これが経営の現場では、何よりも大切なことだと思う。

木村さんは、この時代は下手に動いてもいけないと達観して、もう少し経済の動向を見てから再挑戦するつもりで、現在はアルバイトに精を出している。小さくても、お客様の立場にたったお店をやってみたいと、抱負を語ってくれた。

■木村さんの教訓

「チャンスに決断が鈍り、チャンスを逃した」

11　日本人形の卸問屋――身の丈に合った経営

遠山さんは、日本人形の卸問屋を経営していた。人形の街、岩槻に近い大宮に会社を構えて二〇年営業した。

人形も京都の「京人形」や福岡の「博多人形」等がある。特に「岩槻の人形」は有名で、古くからの人形屋さんが多い。金沢は、人形の着物の材料を多く生産している。大阪は人形ケースや着物の材料が多い。当然のことながら、人形の着物は人間が着る着物の材料とは、全然違うものになる。小さい人形に着せる着物の柄は、あたりまえの事ながら小さくなる。

岩槻の場合は、顔作りに定評がある。人形の顔を書けるまでには、少なくても、一〇年はかかる。若い職人が、少なくなる一方なのも、わかるような気がする。最近の若者は、一〇年辛抱しろと言っても無理である。人形は昔から、分業化されていて、髪を結う職人は「結髪屋」、顔を作る職人は「頭師」と呼ぶ。胴体を作る職人は「胴屋」である。岩槻の人形は定評があるが、桐の大鋸屑を細かく砕いたものを糊で固め、貝殻を砕いたものを塗る。最近は手足がプラスチックのものも出ているが、岩槻の人形の場合も手足はプラスチックが多くなった。

最近は、人形業界も不況の影響を受けて、売上低下に悩んでいる。少子化や、日本人形に興味を示さなくなった子供達やマンション住まいなどの影響も大きい。一戸建ての大きな家なら、段飾りでも飾れるが、マンションだとそうはいかなくなる。人形製造業者の倒産も多くなった。この国では、どんどん夢のある職業が減る一方である。その反面パソコンのゲームが増え、人間の臭いが少ない若者が増える。

遠山さんは、日本人形の卸販売から撤退して一〇年になる。日本人形にとって、厳しい時代が来ることは、多少は感じていたが、これほど悲惨な状況になるとは、考えも及ばなかった。ある面では、撤退の時期としては、よい時期だったと思う。

金沢の日本人形の卸問屋に就職

遠山さんは、日本人形が好きで、金沢にある日本人形の卸問屋に就職した。昭和三七年であった。古きよき時代には、就職は、自分の好きな道を選ぶことを、第一に考え、収入は第二に考える人間が多かったものだ。筆者も、音楽と車が好きで、ミュージシャンになるか、車の営業マンになるか迷った。親にミュージシャンになるなら勘当だと言われ、次に好きな車の世界に入った。

遠山さんは、好きな人形の卸問屋に入れたことから、必死になって仕事に励んだ。営業マンとして、めきめき実績をあげ、大宮の営業所を任せられるまでになった。

度胸一つで独立

東京に支店を出すことに絡んで、社長と意見が合わず、ついに独立することになる。決断は早かった。退社したものの、資金もなしで、度胸一つで独立したようなものだ。幸い、付き合いのあった仕入先が協力してくれ、スタートは委託で商品をおかせてもらった。

遠山さんが独立した昭和四七年は、田中総理が誕生し、今太閤ともてはやされ日本中が列島改造ブームと、田中角栄ブーム現象が起きていた。今と違い、あの頃の日本人はエネルギーがあり、まだ純な心を持っていた。池波正太郎の『必殺仕掛け人』シリーズが登場したのも、この年であった。列島改造ブームで沸き立つ中で、度胸と、人脈だけが頼りでスタートした。古きよき時代には、それでも立派に開業できた。

日本人形の問屋となれば、取引先はデパートが主流で、玩具屋さんとか、家具屋さんも、少し取り引きがあった。彼の人柄の良さが幸いし、サラリーマン時代の人脈は、ご祝儀として多くの注文を出してくれた。順調に売上は伸びたが、委託では利幅も取れないことから、手形で仕入れるようになる。サラリーマン時代には、当然のことながら、資金繰りを心配することはなかったが、手形で仕入れ、倉庫も借りて、在庫を持つようになると、資金繰りの心配も必要になる。

量を追いかけたのが、命取り

資金繰りをやったことのない人間が、資金繰りを心配するようになると、間違いなく痩せる。文字通り、痩せる思いをすることになる。売上が伸びるとともに、大手の問屋と張り合う欲が出てきた。優秀な営業マンが陥る欠点に、販売量を追いかける癖がある。自分で経営したならば、量を追いかけるよりも、質を重視する姿勢が必要であった。結局量を追いかけたのが、最後には命取りとなった。

私も、トヨタのディーラーで、新車を一二〇〇台売ってから独立し、三年で撤退するまで、中古車を一三〇〇台売ったが、量を追いかける癖は、なかなか直らなかった経験がある。

身の丈に合った経営が、時には必要である。人間は、どうしても背伸びをしたくなる。そういうときに必要なのが、タイミングよく忠告してくれる参謀である。私の場合も、参謀はいなかったが、遠山さんの場合も、参謀が不在であった。

取り込み詐欺にひっかかる

量を追いかけているうちに、「黒い紳士」に引っ掛かる。黒い紳士とは詐欺を働く連中である。最初は二〇〇万円位の取引で、手形も落ちた。次には五〇〇万円の取引となり、手形は不渡りとなった、当然のことながら、回収不能となる。相手は、最初から払うつもりがないので、回収できるわけがない。要するに、取り込み詐欺である。

今度は、遠山さんが仕入先の手形を落とすのに、苦労することになった。身の丈に合った商売をするべきだった、と気がついたときは、遅かった。

いよいよ、今月の手形は決済できないかもしれないと半ば覚悟を決めた。そんな時、人形を満載した四トン車で信号待ちしていると、自家用車が前方不注意で、遠山さんのトラックに突っ込んできて、積荷の人形が壊れた。こちらは信号待ちだったので、相手に全面的に落ち度があり、保険がすぐに下りた。月末の手形に悩んでいたときで、その対物保険金で、手形を落とすことができた。不幸中の幸いで、こちらにとっては奇跡のようなものだが、奇跡はそう度々あるものではない。綱渡りである。

手形に追われるようになると、手形を落とすことだけがすべてで、後は目に入らなくなるものだ。商売のことよりも、手形を落とすことだけが生きがいのようになる。そうなると重症で、大金が入ることでもなければ、直ることはない。二四時間、手形のことばかり考え、手形を不渡りにすれば、人生も終わる、と考えるようになる。手形の恐ろしさは、手形を切ったことのある人間しか、わからないものだ。

イケイケどんどんの時期は一瞬

遠山さんの失敗の原因は、身の丈にあった経営をしなかったことにある。企業も、イケイケどんどんで進んでよいときもあるが、そんなチャンスは多くあるものではない。手堅くやる姿勢が、事業を長年続けるには必要である。

筆者も、イケイケどんどんの時期があった。セスナをチャーターして、車を買って下さったお客さんを招待して、遊覧飛行をやり、大好評だったこともある。中古車ディーラーのオープン記念には、車を五五円で売った。昭和五五年にオープンしたので、ジャンケン大会をやり、ジャンケンで勝った人に、車を五五円で売り話題をさらったこともある。全国でもこの企画は、私が最初であったと思う。当然評判を呼び、地方紙が、写真入で紹介してくれて、大変な宣伝になったものだ。アイデア商法として、名を売る事になる。でも経験から言うならば、基本的には、オーソドックスを優先させる経営が大事だと考える。

遠山さんは、黒い紳士達に合計で二〇〇〇万円引っ掛かる。業態からして、持ちこたえられる数字ではなかった。結局不渡りを出すことになり、あえなく倒産である。自宅も、車もすべてを差し出し、清算した。

本人に、「身の丈に合った経営が必要でなかったか」と聞いてみたら、「今考えると全くそのとおり」との答えが返ってきた。イケイケどんどんで急成長して成功するときもある。しかし、イケイケどんどんの時期は一瞬で、その時期を逃してもダメだが、乗りすぎても失敗を招く。

失敗して、最初に何を考えたか。最初に子供のことを考えたと答えてくれた。筆者と全く同じことを考えた。何が起きても、子供だけは守ってやらなくてはいけない。筆者も手形を不渡りにしたときは、同じことを考えたものだ。仕入先の人形屋さんが、比較的理解があり、倒産後の処理は、スムーズに終えることができたのが何よりであった。

人は無責任に、頑張れと言うものだが、頑張れと言ってはいけない場合もある。それ以上無理して続けたら、負債が膨らむばかりで、情況が好転する要素がない場合は、無責任に頑張れと言ってはいけない。子供の預金まで使って、どうしようもない状況に追い込まれる場合が多くなる。頑張れといわずに、状況を適確に判断して、撤退を勧めるのが本当の友人といえる。

筆者の場合も、撤退を一年延ばしたばかりに、負債が倍増した経験がある。本人が追い込まれて錯乱状態にあるときに、無責任な励ましはかえってよくない場合が多い。遠山さんの場合も、無責任な励ましがあったようだ。お金は出してやれないが、と前置きしながら、とにかく頑張れと無責任に励まされることが多々ある。

事業に失敗してから、現実を痛切に感ずる時期がある。それは、お歳暮と、お中元のシーズンである。たくさん届いていたお歳暮も、お中元も、全然こなくなる。自分が現在おかれている状況を、厳しく知らされるようなものだ。当分はお歳暮のシーズンが来ると、寂しい思いをすることになる。よし、もう一度お歳暮や、お中元が、たくさん届くようになってみせると思うか、俺もおしまいだと思うか……。筆者は、もう一度お歳暮がたくさん届くようになってみせると思ったものだ。余談だか、会社に届いたお中元やお歳暮は、自宅に持ち帰ったことはない。すべて従業員に、抽選でくれてやったものだ。会社に届いた贈り物を、経営者が自宅に持ち帰ってはいけない。すべて従業員に分配する心が、些細な事ながら大事だと思う。些細な事ながら、お中元やお歳暮は、お互いの気持ちのふれあいになる。

事業を立ち上げたことは、自分の人生にとってプラス

遠山さんと話していて思うことは、「身の丈に合った経営」である。彼は今、年金を受給しているが、サラリーマンで終わらなくて、独立して苦労をしたが、少しは、贅沢もさせてもらった。プラスマイナスで考えても、事業を立ち上げたことは、自分の人生にとっては、プラスだったと語ってくれた。筆者は、プラスだったとの言葉を聞いて、救われた思いがした。

失敗経験者で、失敗を人のせいにしたがる人も少なくない。要するに、恨み節を述べるのである。そういう人は、今回の取材対象からはずした。その原因に他動的な部分があっても、自分の失敗として受け止めないと、失敗から学ぶことはできないし、失敗をプラスにすることもできない。失敗経験者で、ホームレスをなさっている方もいらっしゃるが、例外なしに、自分を責めないで、人のせいにしたがる。失敗から学んでいないからである。自分の失敗として受け止めることこそ「失敗から学ぶ」人間が再挑戦するための、条件だと考える。

■遠山さんの教訓

「身の丈に合った経営を心がけなかった」

12　葬儀社経営――よりよい生き方とは何か

葬儀会社の婿養子

谷さんは、葬儀会社を経営していた。事業を撤退してから、一〇数年になる。撤退がイコール離婚に結びついたのであった。なぜなら、谷さんは婿養子で、義父の事業を継続する意志がなければ、離婚するしかなかった。

人はそれぞれ、いろいろな職業に就いているが、自分が本当に好きな仕事をできる人は、実際は多くない。仕事と割り切って、我慢している人のほうが多いのが現状で、筆者のように、失敗したとはいえ、今まで三〇年以上、好きな車の世界で生きてきた人間は幸せだと思う。そして、本さえあれば、そして本さえ読む時間がたくさんあれば、何もいらないと公言するほどの本好きが、今こうして原稿を書いている。幸せな男だと、神に感謝している。谷さんの場合は、婿養子に入る前には、サラリーマンをやっていた関係で、自営業になじめなかったのも、撤退の原因であった。

最近は、「葬儀ビジネス」が盛んで、大企業の参入も多く見られるようになった。右肩上がりの業界は、葬儀業界だけではないかと言われるように、この不況の中でほとんど倒産のない業界のようだ。日本も今後三〇年間は、確実に死亡者数は増加することになり、市場は間違いなく伸びることが、約束されている業界である。

総務省が二〇〇一年に行った「平成一三年事業所企業統計調査」によると、葬儀業にカウントされているのが六三八三事業所、冠婚葬祭互助会が八七一事業所となっており、両方で七二五四事業所となる。そして、葬儀業界に働く就業者は七万七九五七人となっている。二〇〇二年の死亡者数は九七万八〇〇〇人で二〇〇一年にくらべ八〇〇〇人増えている。市場規模は九九年に総務省（当時は総務庁）が行った「サービス業基本調査」によると、冠婚葬祭業の売上は、二兆一八六三億六一〇〇万円となっていて、単純に死亡者数で割ると、一件あたりの葬儀料金は、二二二万六三〇〇円となる。

最近では、この業界に大手企業や、農協、生協、ホテルまで、異業種の参入が盛んである。以前は葬儀業者と言えば、家族で営業する自営業者が多く、谷さんも典型的な自営業であった。最近の大企業は、なりふりかまわず、儲かりそうな業界と見れば参入してくるが、谷さんが経営していた頃は、ある面ではのんびりとやれた時代でもあった。

死者は時間を選ばないから、仕事の注文は夜中でも受ける事になる。仕事は、死体の洗体から、棺の手配、式場での司会、式場の白木祭壇、供花、火葬場まで搬送する霊柩車の手配など、やる事が多く仕事の量も多い。家族ではまかないきれないが、その都度アルバイトを頼んでさばいたので、経営的には何も問題はなかった。

イヤイヤ仕事を続ける

谷さんが撤退を決意したのは、この仕事を仕事と割り切ってできなかったのが、すべての原因であった。イヤイヤ仕事を続けているうちに、自然に酒量も増え、飲みに出る回数も多くなり、夜に仕事の依頼が来ると、奥さんが依頼主のところへ訪問するようになった。男前で金離れの良い谷さんは、夜の町でも大変もてたらしい。谷さんは車が好きで、高級車を購入して気を紛らせて、仕事に励もうと、努力してみた時期もあった。いろいろと谷さんなりに努力をしても、仕事を続けていく自信が持てなかった。

ある時に、「ゴロツキ」でどうしようもない男が亡くなった。享年四〇歳であった。そのお宅に訪問するとゴロツキの親父さんが「こいつは焼くだけでいいから……。焼くだけにしてくれ」と谷さんに言った。どんなひどい親不孝者であったのか、後にも先にも、〝焼くだけにしてくれ、式はいいから〟といわれたのはあのときが初めてだった、と谷さんは語ってくれた。

仕事を通じての満足感と言えば、会葬者に「いい式だった」と言われることであった。私も、冠婚葬祭には数多く出た経験があるが、故人の人柄を忍ばせるように、控えめで、心のこもったような式がなんと言っても印象に残る。これでもか、これでもか、と残された人たちの、見栄のようなものがあまり見えすぎるのもよくないという。

葬儀ビジネスから撤退し、タクシードライバーに

谷さんが、アルバイトの若者とお客さんのところに訪問して、洗体が終わり死者を布団から棺に移そうとして、二人で死体を抱えたときであった。「何をするんだ」と死者がつぶやいたという。部屋には二人きりだったので、アルバイトの若者はガタガタ震えだして、今にも逃げたしそうな顔をしていた。谷さんはお腹にたまったガスが、口から出ることがあることを知っていたが、バイトの若者は初めてのことでびっくりするのも無理はなかった。でも本当に、「何をするんだ」と谷さんにも、そう聞こえたそうである。大変な職業であることは間違いない。

谷さんは、死者と接しているうちに、よりよい生き方とは何か、よりよい死に方とは何か、と考えるようになった。よりよい死に方とは、自分で満足できる、悔いのない生き方ではないか、と結論づけた。谷さんが葬儀ビジネスから撤退して、選んだ職業はタクシードライバーであった。

もともと車が好きで、日産の高級車「プレジデント」に乗っていた。谷さんいわく、「鳥のように自由な仕事に惹かれましたよ」。谷さんは法人のタクシー会社に入社したが、個人タクシーは文字通り、鳥のように自由な職業である。極端な話し、今日は仕事をしたくないと思えば、休んでも誰にも文句は言われない。完全な自己責任である。

お金になる「葬儀ビジネス」で割り切って仕事に励むのがよかったのか、収入はあまりよくはないものの、鳥のように自由に生きるのが良いのか。それは、谷さんの価値観の問題で、他人が入り込む問題ではない。

タクシードライバーに関する話で、イタリアの興味深い話が、イタリア在住のジャーナリスト内田洋子さんによって、『中央公論』二〇〇三年四月号に書かれてあったので紹介する。

マルコは有名な出版社の創業社長を父親に持つ。「父親を絶対に超えられないから」と出版事業を継ぐことを拒否。ごく普通の会社勤めをするものの一九九四年にリストラされてしまう。それでも父親の会社には「再就職」せずに、タクシードライバーとなる。日本人なら、最初から父親の会社に入るか、リストラされた時点で入社していると思う。マルコは語る。「家計は悪くない、別の人生もあったかもしれないが、これもまた僕が選んだ生き方。実に自由な気分だ。誰からも指図されないし、解雇の心配もない。好きなときに好きなだけ働く。毎日様々な人との出会いがあって、これほど楽しい毎日はない」

マルコ万歳。筆者はマルコに会いに行きたくなった。もしマルコが日本人なら、《人生に失敗した》というふうに見られるかもしれない。しかし、組織に組み込まれたり、制度や命令、レールの敷かれた安全な道を忌み嫌うイタリア人のマルコは、毎朝タクシーの運転席に座るたびに、一国一城の主の気分を謳歌して、輝く一日を迎えるのである。谷さんは、日本版のマルコではないか？　組織に組み込まれたり、人に命令されたり、群れることを好まない。マルコも谷さんも、筆者と全く同じタイプの人間である。

最近、谷さんは再婚した奥さんと二人で、マレーシアに長期の滞在を計画して、下調べに訪問して帰ってきたばかりだ。すっかりマレーシアが気に入った様子で、幸せ一杯のお顔であった。

谷さんが、タクシードライバーの道を選んだとき、「何で大学まで出たのに」と聞く人が多かった。日本人は、人を見ないで、仕事を気にしたり、勤める会社を気にする傾向が強い。どんな仕事でも、どんな会社に勤めていても、人間の中身が問題なのに、不思議な国民である。欧米では、まず趣味を聞いたり、生き方や、その人の考え方を重視する。

お金を選ぶか、自由を選ぶか

谷さんは、「葬儀ビジネス」から撤退したが、嫌な仕事でも、我慢して働いている人間は、数多く存在する。お金を選ぶか、自由を選ぶか、それは個人の価値観の問題である。皮肉なことに、「葬儀ビジネス」は右肩上がりで、タクシー業界は斜陽の業界となった。

谷さんも、「あのまま続けていたら、クルーザーくらいはもてたと思う」と呟いた。別れた奥さんは、スナックを開業して、結構繁盛していたが、昨年病に倒れて亡くなった。

昔は自宅で行われていた葬儀も、葬祭会館で行うことが多くなった。田舎では、今でも隣近所の主婦が、手伝いに駆けつけるしきたりがあるが、昔は都会地でも、当然の如く手伝いに駆けつけたものだ。最近は隣近所の付き合いも薄くなり、葬儀会館で行われることが多くなった。葬祭会館は、二〇〇二年には全国で一〇〇ヵ所以上もオープンして、現在では全国で、二八〇〇ほどの葬祭会場がある。最近の傾向としては、小規模の会館が増えている。

新しい葬儀も見られるようになった。「宇宙葬」もその一つで、遺骨の一部を専用のカプセルに詰めて、衛星ロケットに積み込み、宇宙に打ち上げるもので、二一世紀に相応しい葬儀とも言える。かかる費用は百万円で、思ったよりも高くない。日本人の利用者が今まで、二五人いるそうである。「森に眠る納骨堂」は南アルプスを一望できる森の中にある。もう一つ新しいのでは、「海に眠る散骨代行」がある。横浜をクルーザーで出て、大海原で富士山をバックに散骨する。料金は五万円でそんなに高くないのがいい。これからは、ますますいろいろな葬儀のやり方が多くなるに違いない。

業界最大手は「公益社」という会社で、年商一四九億円（二〇〇二年三月期）。一年間で一万件近い葬儀を施行する。大阪に本社を構える同社は、九四年に大証新二部に上場している。ホテル業界の参入も多いが「ホテル・ニューオータニ」もその一つである。二〇〇二年の社葬が一一件、お別れ会や法事をあわせると一年間で、一二〇件の法宴を行っている。売上の減少に悩むホテル業界からは、ますます「葬儀ビジネス」への参入が増えるものと思われる。

お客様の不幸事には、なにがあっても駆けつける

葬儀と言えば、筆者が車を新車と中古車を合わせて二五〇〇台販売したことと、少しだけ関係がある。長く営業を経験すると、結婚式に招待されることもあったが、筆者が重視したのは、お客様の身内に不幸事があったときである。お客様の不幸事には、なにがあっても駆けつけた。トヨタのディーラーに勤務していた頃、本社で会議があってもお客様の葬式を優先した。そのうちに、会議を欠席すると、若宮はお客様の不幸事があったのだ、と黙認されるようになった。

トップセールスであったから許されたことだが、人間は、悲しいときや辛いときにきてくれた人は忘れないものだ。営業マンの時代から、会社を経営してからも、「結婚式よりも、葬式重視」この姿勢と方針は変えたことがない。何年か前に、「田中角栄」に関する本を読んだら、田中さんも、葬式には万難を廃しても出席したらしい。そして、誰もがびっ

くりする額の香典を包んだと言う。田中角栄に多くの信奉者が存在したのは、その辺の気配りにも優れていたからだと考える。

どんな仕事でも、辛い中にも励みになる面はある。会葬者の満足したお顔を見ることで、救われた気持ちになることもあり、それが励みにもなると思う。葬儀ビジネスだけでなくあらゆる仕事において、辛い仕事の中に、明るさを見つけることも必要な気がする。

■谷さんの教訓

「辛い仕事のなかにも、やりがいを見つけることも必要である」

13　スナック経営——景気のいいときにためよ

二四歳でスナック経営

古村さんがスナックを開業したのは、二四歳の時であった。高校を卒業してから、先輩の経営するレストランで、五年勤め、もともと水商売に興味があったので、二四歳の若さで独立した。

横須賀生まれの古村さんにとっては、横須賀で開業するのは当然のことながら、できれば「ドブ板通り」で開業したかった。昭和四〇年代は古きよき時代であった。「ドブ板通り」のスナックは米兵専門がほとんどで、日本人のお客は店に入れなかった。日本人も入れるようになったのは、二〇年ぐらい前からである。当時、「ドブ板通り」でスナックをやっていた店主は、面白いほど儲かった。ドルが三六〇円の時代で、米兵からドルでもらえば、差益が出た。若い人は馴染がない言葉かもしれないが、外国タバコを洋モクと言った。「ジョニ黒」は、当時は高級ウイスキーだった。「洋モク」も「ジョニ黒」も米兵から仕入れた店主が少なくなかった、ジョニ黒を米兵から三〇〇〇円で仕入れても、一万円で売れた時代である。ただし捕まれば豚箱入りとなり、リスクもあった。

私が、最初に海外旅行へ行ったのは、昭和四三年、今から三五年前だった。当時はドルの持ち出しも制限があり、洋モクは二カートン。ウイスキーは三本しか日本に持ち込みできなかった。先輩にジョニ黒を土産に買ってきたら、涙を流さんばかりに喜んでくれたのを今でも覚えている。あの頃は、日本製のナイロンストッキングが世界でも評判がよくて、台湾の女性にナイロン製のストッキングを土産に持っていくと、宝石でももらったかのように喜んでくれた。御礼に私の靴下まで洗って、尽くしてくれたものだ。そして、帰るときには空港まで見送りに来てくれた。

店がヤクザの溜まり場となる

古村さんが開業した頃は、ゲーム機が普及しだした時代で、それをいち早く入れた関係で、古村さんの店は繁盛した。レストランで修行した腕で、「付き出し」が美味しいと好評で、結構客が多かった。当時はゲーム機の取締りが厳しくなく、面白いほど儲けることができた。そのうちに、飲みに来るお客よりも、ゲームをやりに来るお客が増えた。客質も悪くなり、チンピラがゲームをやりに出入りするようになる。古村さんは、食材を仕入れると、後は従業員に任せ、毎日マージャンをするようになった。それでも、店の売上に占めるゲーム機の収入が大きくて、お金には不自由しなかった。

若いうちにお金が入れば、判断力が鈍る。よく言ったものである。気がついたときは、店はほとんどチンピラの溜まり場となっていた。

ある時、ゲームで負けが込んだヤクザが、日本刀をもって店に乗り込んできた。当時、古村さんは、横浜にあるヤクザの親分の娘と、付き合っていて、店を手伝ってもらっていた。古村さんは、自分は横浜のヤクザの組と関係があるようなことを口走った。それで相手は逆上して、日本刀を振り回して、店を滅茶苦茶に叩き壊した。

そのヤクザは、シャブをやっていたらしく、完全に狂っていた。命を取られないだけでも、よかったようなものだった。警察が次の日聞きつけてきたが、古村さんは、警察には届けないつもりでいた。水商売の常で、簡単に警察に届けるわけには行かないのである。

しかし、警察はそのヤクザ組織には目をつけていて、何としても被害届を出してくれという。水商売は、警察にも弱い面があり、結局被害届を出した。付き合っていた娘の父親の親分に後で、何でそのときに連絡をくれなかったと叱られたが、後の祭りである。

素人が手を出していけない最たる商売が、飲食店

古村さんは、店をたたむ決心をする。決断としては早い決断でよかった。ゲーム機の取り扱いもうるさくなるとの情報も入った。撤退して間もなく、ゲーム機の取締りが全国的にはじまった。古村さんは、毎日お金がたくさん入ってきた頃に、真面目にお金を貯めていれば、レストランの一軒ぐらいは楽にもてたと残念がる。人間は失敗してから気がつくものだ。

「飲食店でもやってみよう」「飲食店ならできそうだ」「飲食店くらいしかできそうにない」「でも、しか、なら」と安易な気持ちでスナックや飲食店を、開店する人が後を絶たない。最近は、リストラに遭って、「スナックでも」と素人が開店して失敗するケースが少なくない。いろいろな商売を身近で見てきたが、素人が手を出してはいけない商売の、最たるものが飲食店だと思う。

客商売に共通して言えることだが、一生懸命努力すればお客が入るものでもない。「センス」が左右する部分が多い。正しい方向性がないと、努力が空回りとなり、あの人は一生懸命やったが失敗したと言われる。どんな商売にも言えることだが、空回りの一生懸命ではいけないと思う。

きつい言い方をすれば、サラリーマンでダメだった人が、水商売で成功するわけがない。どんな世界でも甘くはない。労働時間、体力的にも、水商売のほうが大変なのだ。

私が飲み歩いていた頃、よく行ったスナックのママが、三〇歳を過ぎてから、エレクトーンに挑戦してマスターした。店で演奏したら好評で、客が増えた例を見たことがある。それぐらいの根性が、水商売にも必要だと思う。日本人の場合、水商売に限らず、ひとつ「よい」となると、すぐに皆が真似をする傾向がある。結局同一パターンの競争激化となり、アイデアがよくても、資金力のない企業は淘汰される。

資金力がなくても、アイデアさえよければ何とかなった、古きよき時代もあった。私も、中古車ディーラーを経営していた頃、〝アイデア商法〟といわれ、地方紙で掲載されたり、『週刊文春』の巻末のグラビアで紹介されたことがあり、販売に関しては、大いに効果があった。現在は、資金力を振り回して、人まねでもなんでもやる大企業が増えた。大企業に品がなくなり、だれかがよいアイデアを考えて開業しても、いけるとなれば大企業がすぐ真似をして、資金力で蹴散らす。これでは、新規開業率が上がらないわけである。古きよき時代には、大企業は大企業らしく、おっとりした面があったものだ。最近の大企業は、儲かるとなれば、ダボハゼのように何でも食いついてきて、子会社にやらせる。情けない時代である。

儲かっているときに、内部留保につとめる

あらゆる商売に言えることだが、儲かっているときに、内部留保する事が大切だと痛感させられる。不況時代になっても、慌てずに営業を継続できている会社や商店は、儲かっていた時代に、内部留保に励んだ賢い会社が多い。好況の時に浮かれず、不況に慌てず会社の強い体質を作るには、景気のよいときに内部留保に精を出すことである。

最近は、水商売も大変である。不況の影響をまっ先に受けるのが、水商売とタクシーと言われている。飲食店を分類すると、次のようになる。

一　喫茶店系飲食店——ソフトドリンク、冷果、甘味、軽食等を主たるメニューにして営業する店。

二　大衆料理店系飲食店——食事、酒類を主たるメニューとして営業する店。
三　中級料理店系飲食店——料理、酒類を主たるメニューとして営業する店。
四　高級料理店系飲食店——料理、酒類を主たるメニューとして営業する店。
五　バー系飲食店——料理、酒類、つまみを主たるメニューとして営業する店。

大きく分けてこの五つに分類できる。

学生街には店を出すな、と言う鉄則がある。なぜなら、夏休みや冬休みは、見るも無残な状況となる。それから、店主に聞くと、「予備校生」は最低の客らしい。人だかりとなるのは、自動販売機とコンビニと立ち食いそばぐらいのもので、街を汚すばかりで、商売にはつながらないと言う。

なるほど、彼らの行動を見ていると納得できる。飲食業に関しては、昔から、家賃は三日で稼げと言う言葉がある。三〇日のうち、三日で一〇パーセントということらしい。三日で家賃を稼げない売上であれば、商売にならないと言うことである。

「居抜き売りの理由は信用するな」という言葉もある。儲かっているけれども、店を売るなどということはありえない。儲かっているなら、誰かにやらせてでも、継続するはずである。前にも述べたように居抜きで借りたり、買う場合は、よほど慎重にする必要がある。

バー、クラブ、高級料理店は運転資金は最低二ヵ月は必要となる。会社関係は、六〇日の支払いがざらにある。運転資金を甘く見て、開店から金に苦しむ例がある。どんな業種にも言えることだが、運転資金は余裕を持ってやるべきである。

「商品は自信を持って売れ」――どんな商売にもいえることだが、商品はおそるおそる売るようではいけない。筆者が中古車ディーラーを経営していた頃、「あんたのところの車には魂がこもっている」とよく言われた経験がある。徹底して車を磨き、展示車両に魂を込めて、ワックスをかけた。高額車には、筆者自らワックスをかけ、ワックスをかけながら売れるように、と魂を込めた。当時、展示車両にワックスをかけている業者はほとんどいなかった。どんな商品でも、扱い商品に魂がこもっていれば、口コミで売れる。これは筆者の実体験である。飲食業も同じで、商品に対して自信をもてなかったら、メニューからはずすべきだと考える。「商品に自信を持つ」――これが不思議とお客様に伝わる。反対に自信がない場合にも、お客様に敏感に伝わるものだ。

サービスとは、心遣い

レストランでも、クラブでも、会計が消費税などをトータルして、一万五〇円となった場合、そのままの金額を、役所のように請求する店が多い。七〇円値引きを起こして、九九八〇円にしたほうが、お客様の印象が良くなるはずである。たった七〇円の心遣いが、お客様には七〇〇〇円にも感ずるものだと思う。

若い頃、バーやクラブには授業料をたくさん払ったが、お客さんの押しかける店は、たいした金額ではなくても、心遣いが行き届いていたものだ。サービスとは、金額の大小ではなく、「心遣い」だと考えるが、意外と心遣いが行き届かない店が少なくない。

古村さんの失敗は、店が景気の良いときに内部留保に励まなかったことだが、意外とできそうでできないのが内部留保である。

■古村さんの教訓

「売上が順調なときに内部留保に努める」

14 元ＰＸのマネージャー――チャンスがきたら、すべてをかけろ

ＰＸ（軍人・軍属向けの物品販売所）のアシスタントマネージャーを、三田さんは一〇年勤めた。

終戦の一九四五年三田さんは中学二年であった。学校で、八月三〇日厚木飛行場にマッカーサーが来る噂を聞いて、日本を散々痛めつけた国の親分を、どうしても見たくなった。その日茅ヶ崎の実家から、友達と二人で二時間かけて厚木の飛行場まで行ったのを、今でも忘れない。コーンパイプを手に、タラップを降りてくるマッカーサーは、まるで映画のシーンでも見るようにカッコよかった。あまりのカッコよさに、敵愾心が薄れた。

厚木に降りたったマッカーサーは、その日、横浜のニューグランドホテルに泊まった。

マッカーサーは新婚旅行のときも日本を訪れ、ニューグランドに泊まるほどニューグランドがお気に入りであった。そして、九月二七日マッカーサーは、アメリカ大使館で天皇陛下と会見する。その時点で、マッカーサーの役職は、「連合軍最高司令官兼極東軍最高司令官」であった。

アメリカに対する憧れ

三田さんのアメリカに対する憧れが募ったのは、厚木飛行場でマッカーサーを見たのがきっかけであった。もともと音楽が好きで、ジャズに興味があったので、先輩のいるバンドのバンドボーイとして働くようになる。終戦当時の中学生は、まともに学校に行かない子も多かった。皆食べることに精一杯で、親の手伝いをする子供も、少なくなかった時代である。結局高校は定時制に通って何とか卒業にこぎつけた。バンドの坊やを続けているうちに、米軍の将校達からも可愛がられるようになった。当時バンドの仕事場は、米軍のキャンプが多く、米軍のキャンプを回り歩いた。

佐世保のキャンプにも行った。その時に米軍の少佐に気に入られて、少佐の家に住み込むようになる。毎日仕事の合間を見て、熱心にトランペットの練習に励んでいる姿を見た少佐に気に入られた。戦争で父親を亡くしたことにも同情したようであった。家族同然で小さな部屋を与えてくれた。そして、ＰＸの仕事をするようになる。少佐は今にして思えばＣＩＡの仕事をしているようであった。メイドも二人雇い、コックもいて生活は裕福であった。ＰＸは今のスーパーのようなもので、何でもそろっていた。猟銃もオーダーすれば買えた。もちろん、ＰＸで買い物ができるのは、軍人と軍属だけである。

横須賀、厚木、横浜、座間、立川、横田など、方々にＰＸはあった。何といっても、今のＮＨＫがある場所にあった「ワシントンハイツ」が一番大きかった。将校の転属に伴い、三田さんも立川のＰＸに移る。その頃になると、三田さんもアシスタントマネージャーになっていた。ゲートを出るときは、マネージャーでもボディチェックを受けた。日本人を信用していない証のような行為であった。ＰＸでは何でも安く買えた。コールドクリームも当時はめずらしくて、日本女性にプレゼントすると大変喜ばれた。三田さん曰く、コールドクリームで彼女がいくらでもできたと言う。それだけ、女性にとっては、貴重品であった。

ＰＸでは、ミンクのコートも売っていたという。三田さんは、親しい米兵に頼みこんで、いろいろなものを代理に買ってもらった。三田さんの友人が、傷害事件で刑務所に入れられたときのことである。少佐に話すと、何とかしてやると、MPをつれて刑務所に行き交渉してくれた。なんと、一週間後には三田さんの友人が釈放された。米軍の少佐の威力は絶大であった。

アメリカにこないかと誘われる

一九六二年三田さんを家族同然につきあってくれた少佐が、アメリカに帰ることになる。少佐は三田さんに、一緒にアメリカにこないかと誘ってくれた。三田さんは、あの時が人生の分かれ道だったたと、遠くを見るような目で呟いた。当時はアメリカに行く若者が少ない時代であったが、独身だし、思い切ってアメリカに行けば、どんな人生が開けたか、聞いていても残念な思いがした。母親の反対よりも、祖母の反対がこたえたという。父親を戦争で亡くし、お母さんの手で育てられ、祖母には宝物のように可愛がられた。アメリカ嫌いの祖母の反対には心を痛めた。結局日本にとどまり、PXのアシスタントマネージャーを続けたが、後ろ盾の少佐がいなくなると、何かと風当たりが強くなる。

PXの従業員は、今でも準国家公務員としての資格があり、退職金も恵まれている。三田さんの友人は最近まで三〇年勤めて、五〇〇〇万円の退職金を手にしている。米軍の関係は、有給休暇にもうるさく、とらないでいると、有給をとれと言われた。あまりうるさく言われるので、まとめて半月の有給をとった時のことである。やることもなくて、友人の働いていたタクシー会社で、タクシードライバーのアルバイトをした。昭和三九年であった。東京オリンピックが開かれた年で、日本中が活気に溢れていた。金メダルを取ったバレーの女子チームの大松監督が選手に使った言葉「おれについてこい」が流行語になった。

昭和三九年のタクシー料金は初乗りが一〇〇円の時代である。当時タクシードライバーは、台数も少ない関係もあり、稼ぎがよくて、一流企業の部長と同じぐらいの収入があった。三田さんは一〇日ぐらいアルバイトするうちに、タクシードライバーが面白くなった。なにしろ、仕事に出れば一国一城の主である。鳥のように自由な仕事にはまってしまう。結局一〇年勤めたＰＸを辞めてしまうことになる。退職金二〇〇万円もらったが、東南アジアに旅行したりして、半年で使い果たした。当時の二〇〇万円は結構使いでがある金である。

ＰＸに勤務していた頃は、心置きなく遊んだらしい。軍属のアメリカ人女性とも付き合った。別れ話から、女性が持ち出したピストルで危うく撃たれそうになったこともある。それからは、アメリカ女性の怖さが身にしみてわかったそうだ。三田さんがＰＸに勤め始めた昭和二九年はマックスファクターの化粧品は、日本人女性にとっては貴重品であった。親しい日本人女性にプレゼントすると、涙を流さんばかりに喜ばれた。日本にもそんな時代があった。今では、日本の化粧品が海外に輸出される時代である。

三田さんは二年ぐらい前まで、横浜でタクシードライバーを続けた。昭和四〇年代の中ごろまでは、タクシー業界もよき時代であった。昭和四五年は、初乗りが一三〇円であった。当時は、熱海まで行くこともあったし、横須賀はしょっちゅう行ったという。収入のよい時代に真面目に預金したドライバーは、東京都内に家を持ち、個人タクシーをやりながらのんびりと暮らしている。三田さんは、入るお金は気前よく使ったほうで、一度も結婚はしたことがない。鳥のように自由な毎日を過ごしてきた。

三田さんがあこがれたマッカーサーも、一九六四年四月ワシントンで生涯を閉じた。八六歳であった。七二歳になる三田さんだが、今でも、マッカーサーがコーンパイプを手に、タラップを降りてくる姿が目に浮かぶと懐かしがる。三田さんの失敗は、少佐と一緒にアメリカに渡らなかったことだが、おれには度胸がなかった、と自嘲ぎみに話す。今と違って、アメリカは遠い国であった。もしあの時決断しておれば、今ラジオで活躍している、アメリカ帰りの、「ミッキー安川」ぐらいにはなれたのではと笑う。

天が与えたチャンスを見逃せば、かえってその咎めを受ける

「天の与えるを取らざれば、かえってその咎めを受く」という言葉がある。天が与えたチャンスを見逃せば、かえって咎めを受ける。筆者の体験からも、なるほどと思われる体験がある。三田さんは、チャンスを逃した意識は当初はなかった。しかし、月日を重ねるうちに、あの時がチャンスだったと、はっきりと自覚するようになる。

バンドボーイになる前は父親がいない寂しさから、かなりぐれていた時期もあった。ぐれた男は何人も見てきたが、本物の極道は目が綺麗な男が多い。心に純なものをもっているからぐれる。心の汚い男は、先に打算が働くから、ぐれないでずるくなる。昔は損得で極道になる男はいなかった。

ぐれている若者を見るたびに思うが、暴走族のなかにも、素晴らしい感性を持った若者がいるような気がしてならない。作家では「阿部譲二」さんが元極道として、あまりにも有名である。暴走族をやっている若者のなかに、作家の予備軍や画家の予備軍がいるような気がしてならない。がり勉の眼鏡をかけた若者よりは、可能性を秘めた若者が多いように思う。最近の大人は、最初から変化球を投げることばかり教える。若いうちは、多少コ

ントロールが悪くても、直球を投げるほうが良い。直球で進む若者が少なくなった。

三田さんは、いつ会っても靴はピカピカの靴を履いている。米軍の少佐に、靴はいつもピカピカにしておけと教えられた。そして、タバコは短く吸ってはいけないと言われた。男は押し出しが大事だ、常に押し出しを良くすることだ、と口癖のように教えられた。

少佐になる男は、さすがにどこか違っていた。若い頃は、ボクシングの選手で、あるときにキャンプで三田さんが若い兵士に絡まれて、途方にくれていたとき、少佐が通りかかって、若い兵士をワンパンチで叩きのめした。その時から、暇を見て少佐からボクシングを教えてもらった。お陰で三田さんは、今までケンカを売られても、ほとんど負けたことがないという。今でも会話には不自由がない英語を話すが、何よりも、アメリカ女性と付き合って、教えてもらったのが一番効果があった。元気なうちにアメリカに行きたいと、預金に励む毎日である

■三田さんの教訓

「チャンスがきたら、すべてをかけろ」

15 ミュージシャン――お金は後からついてくる

プロのミュージシャンとなる

タンゴのバンドで、バンドネオン奏者として活躍していた野口さんは、プロのミュージシャンを、三五年続けたことになる。

最初に楽器を手にしたのは、高校一年のときであった。タンゴのバンドを生で聞く機会があって、それから、タンゴに魅せられて、どうしてもバイオリンをやりたくなった。父親にせがんで、バイオリンを買ってもらう。昭和三〇年代の初め、三〇〇〇円は安い買い物ではなかった。私がトヨタのディーラーに入社したのは昭和三七年だったが、当時の月給が七〇〇〇円だった。野口さんは、タンゴのバンドマンを目指して、先生について熱心に練習した。

自分でも自信がついてきて、当時タンゴのバンドでは、一流として活躍していた、「ポルテニア」が銀座の店に出演していたときに、楽屋にバンマスの坂本さんを訪ねていった。高校三年生であった。坂本さんも面白い若者だ、と興味を持ったようで、それなら弾いてごらん、と言ってくれた。野口さんは、喜び勇んで張り切って弾いた。坂本さんの答えは、もう二年練習して、また訪ねてきなさい、という宣告であった。

野口さんは、高校を卒業してからも、親に頼みこんで、就職しないでバイオリンの練習に励んだ。昭和三〇年代は、今よりも、ロマンを大事にする親が多かったように思う。勉強、勉強と子供の尻をたたく親は、馬鹿にされたし、自分達のエゴで勉強を強いる親は少なかった。野口さんは、約束の二年が経ったときに、バンマスの坂本さんを訪ねていった。

坂本さんも驚いた。まさかあの時の高校生が、また訪ねてくるとは考えていなかったらしい。もう一度弾いてご覧ということで、野口さんは、自分では前よりも格段に腕が上がっている、と自信を持って弾いた。坂本さんの判断は、バイオリンはあきらめなさい、と言う冷たい結論であった。バイオリンでプロを目指すには、あまりにもスタートが遅すぎた。少なくとも五、六歳の頃から弾かないと、プロにはなれない、厳しい世界である。

坂本さんが勧めてくれたのは、バンドネオンをやってみては、と言うことであった。バンドネオンはプレーヤーも少ないし、君の情熱があれば、必ずマスターできる、と勧めてくれた。野口さんは、坂本さんにお願いして、弟子入りすることになる。熱心にレッスンをつづけた甲斐があり、三年後には、プロとして活躍することができるようになった。バンドネオンのプレーヤーが、少ないことも幸いしたが、野口さんの一途な思いが、プロデビューに繋がったと思う。

筆者も、昨年からアルトサックスを、プロのミュージシャンに教えてもらっている。サックスは取り組んでみると、見た目以上に難しい事がわかった。最初は、音を出すのさえ大変だった。ドレミファを満足に吹くまで一苦労である。あまり苦労したので、先生に、自分はセンスがないのでは？　と聞いたほどであった。この前新聞にボケ防止には、楽器が一番よいと書いてあったが、何よりも昔あこがれたバンドマンに、いっときでもなれるのが嬉しい。

それにしても、日本人の音楽に対する理解のなさには、悲しくなるばかりである。テレビは、ガキに媚びた番組ばかり、ラジオもジャズを聞かせてくれるのは、民放ではラジオ日本ただ一つである。生の演奏を聞かせてくれる番組は、一つもない。

何よりも、ジャズでも、クラシックでも、プロのプレーヤーが活躍する場が、日本では極端に少ない。ミュージシャンがバイトをするか、奥さんの働きがよくなくては、生活が成り立たないなどは、外国では考えられないことだ。

筆者の、サックスの先生は、神戸生まれで、音大を中退して、好きなジャズの世界に入った、筋金入りのジャズマンである。神戸から、音大を退学までして、ジャズをやりたくて上京した、ジャズに対する情熱は、半端ではない。この一流のサックス奏者の先生でさえ、「東京ディズニーランド」でデキシーのクラリネットを、吹かなければいけないとは……。夏は暑く、冬は厳しい寒さにさらされながら、外でデキシーを演奏する。日本の音楽文化の貧困が、一流のプレーヤーを苦しめていると言っても過言ではない。

先生は、毎日仕事に出る前に一時間は練習する。プロの心得とは、練習することと言ってはばからない。一日練習しないと、自分にばれる。二日練習しないと、奥さんにばれる。三日練習しないとお客さんにばれる。これは先生の言葉だが、一流のプレーヤーは、さすがに味のあることをおっしゃる。テクニックの優れたプレーヤーは、若手でも結構いる。しかし、テクニックが優れていても、聞いている人を感動させることはできない。演奏する人間の、心の部分が、音となって伝わるからだと思う。

プロは、華がなくてはいけない。クラシックで素晴らしいテクニックの持ち主で、真面目いっぽうの人間が、ジャズを演奏して、聴衆を感動させることができるかといえば、ノーである。その人間が持っている、優しさや、遊びの経験、センスが微妙に音となって伝わる。

昔は、「ラテンクォーター」など、センスのいいクラブが多く、ジャズマンの活躍を支えてくれた。世の中、なぜか野暮ったくなるいっぽうで、銀座に居酒屋が増えるようでは、世も末としか言いようがない。

テレビでも、ラジオでも、生のバンドが出演して、ジャズなり、タンゴなりを演奏する番組が皆無とは、異常としか言いようがない。少なくとも昭和三〇年代頃まではあった。

金、カネとカネばかり追いかけているうちに、日本人がどんどん垢抜けなくなって、銀座だけでなく、生演奏を聞かせる店が極端に少なくなった。昔は、銀座でも、新橋でも、ふらりと入って生のバンドを聞くことができる店が多くあった。池袋の「ドラム」もよく聞きに行った記憶があるが、今では、ジャズやタンゴを理解し、生の演奏を聞かせてくれる店を探すのに苦労する。

日本の音楽ファンは気まぐれで、たまにタンゴが人気になることがあっても、すぐに潮が引くように元に戻る。ガキ偏重の音楽文化が続くのは、本物のファンが少ないのも確かである。何よりも、入場料が高すぎる。会場費や、音楽以外の経費が高すぎるのも問題である。もっと安い料金で、生の演奏を聞いてもらう機会を増やせば、ファンが確実に増えるのに、残念でならない。

野口さんがタンゴのバンドを辞めたのは、永年髪結い亭主で（奥さんが美容院を経営している）、奥さんに苦労をかけ続けてきたので、「エレクトーン教室」を開いて、少し稼いでみよう、と考えたのがきっかけであった。俺も稼げる、と奥さんに見せてやりたかったようだ。

エレクトーン教室を開いて失敗する

野口さんは、自宅で「エレクトーン教室」を開いた。最初は住宅街にあることで、珍しさで生徒がきたが、間もなく受講生もこなくなった。タンゴのバンドに戻りたくても、すでに代わりが活躍していて戻れず、悶々とした日々を送っている。

奥さんもタンゴが好きで、野口さんを〝髪結い亭主〟として認めてきた。武士の商法とは昔から言ったものだが、音楽家がお金になることをするのに、所詮無理があった。

野口さんの失敗の原因は、先にお金が入ることを考えたからではないか。どんな事業でも同じだが、先にお金のことを考えると、失敗の可能性が高くなる。お客のことを先に考えなくてはいけないと思う。お客のことを先に考えれば、お金は後から、必ずついてくる。お客のため、お客を喜ばせたい、お客の役に立ちたい、この思いが成功に導くと言っても過言ではない。野口さんも、お金よりも、まず受講生を先に考えることをすれば、成功したのではないか、残念でならない。

太平洋戦争中、ジャズはもちろん、敵国の音楽として禁止された。ところがなぜか、「アルゼンチンタンゴ」は禁止されなかった。野口さんが、秘話を教えてくれたが、次のような理由があった。当時、松岡外相が国連で大演説を行い、国連を脱退して、戦争に突き進んだ。しかし、「アルゼンチン」は日本の国連脱退に対して、好意的であった。日本の軍部が、太平洋戦争に突入してから、ジャズは禁止しても、「アルゼンチンタンゴ」は禁止されなかった原因が、これでわかった。アルゼンチンは南米なのに、タンゴが禁止されずに済んだ。歴史の裏話である。

野口さんは、お金のことを先に考えて失敗した。受講生もお客と考え、お客を楽しませること、お役に立てること、お客の将来までを考えて運営して欲しかった。素晴らしいミュージシャンを生み出す、別の楽しみができたかもしれない。

事業とは、お金は後からついてくるものだと考える。失われた一〇年と言われ、経済の低迷が続いている。先にお金のことを考え、コストばかりを優先し、社員の首切りばかりに励み、お客のことは後回しにするようになってから、経済の低迷が始まったような気がする。先にお客のことや、社会に役立つことを考えれば、お金は黙っていても、後から付いてくるものだと考える。

■野口さんの教訓

「先にお金を考えて経営に乗り出したことである。お金は後からついてくるもので、お客のことを先に考えるべきであった」

16　易者——経営者は直感こそが大事

易者を三〇年続ける

易者の二田さんは、易者を三〇年続けたが、現在は休業している。三〇年も続けていた仕事を休業することは、よほどのことがなければ、考えられないことである。

二田さんは横浜の生まれで、父親はいろいろな事業に手を出しながら、「おでん屋」として成功した人である。店は江ノ島では有名な老舗で、現在も盛業中である。二田さんが易の世界にのめりこんだのは、父親の店を手伝っていた頃であった。喘息の持病があり、なかなか良くならなくて、多くの易者さんに見てもらった。その中で田舎に転居すれば良くなる、と言った易者さんがいた。奥さんの実家が福島だった関係で、思い切って福島に転居したら、ウソのように喘息が治った。

易は人助けができると思い込んだ二田さんは、ますます易にのめりこむようになり、易の先生に弟子入りして、本格的に易を学ぶことになった。たまたま、親戚に易者をやっている人がいて、協力してもらい、事務所を構えて易者としてスタートした。「梅花心易」を主体に骨相から手相まで、研究した成果がすぐに現れ、スタートから繁盛した。福島の風土が、二田さんに合っていたのも事実のようだ。

福島選出の有名な政治家もお客になり、仙台からもお客さんが来るようになった。二田さんが開業したのは二八歳のときで、若くして開業できたのはツキもあった。人間ついている時は、何をやってもうまくいくものである。宿命は変えられないが、運命は努力で変えられる、と二田さんは言う。

占いにも種類が多い。「霊視」「姓名」「手相」「風水」「四柱推命」「人相」「水晶」「算命学」や「ホロスコープ」「タロット」「密教占星術」など。不況になるとともに、人々の気持ちにゆとりがなくなり、不安感が高まる日本の社会現象にともない、近年、易がもてはやされるようになった。

芸能人に易が好きな人が多いのは、明日になれば、仕事が入らなくなるかもしれないといった不安定な職業の面が強いからとも言える。事実、芸能人やスポーツ選手には占い好きな人が多い。

易の場合、占う人と、占ってもらう人の相性が良くないと、当たる確率が低くなると二田さんは強調する。確かに相性が左右するのは、自分の体験から理解できる。

筆者も会社を経営していた頃、友人の保証人になって経営が苦しくなり、霊感占いで有名だった「藤田小女姫」さんに見てもらったことがある。藤田さんの全盛の頃は、天才少女ともてはやされ、あの松下幸之助を始め有名な財界人が、群がるように見てもらったほどである。今は廃業してなくなったが、皇居の前にある「フェアモントホテル」で、特別鑑定会と称して、当時ハワイに住んでいた藤田さんが、日本に滞在して鑑定をした。千鳥が淵の前の「フェアモントホテル」は古い建物で、むしろその古さが千鳥が淵のたたずまいとマッチして、何となくほっとさせられる味のあるホテルであった。

占い師は、演出に気を使うそうだが、皇居前にある古いホテルで、演出効果を考えていたのかもしれない。その日、筆者はワラにもすがる思いで、前もって予約を入れてホテルを訪れた。部屋に入り、二人きりで向かい合うと、「藤田小女姫」さんは、かなりやつれた感じがした。今から二〇年前のことだか、はっきりと覚えている。当時、事業から撤退しようかどうか迷っていた。保証した分の差し押さえを逃れようとして、手形を切ったのが間違いで、手形の決済に追われるようになっていた。藤田さんはこちらの話を聞きながら、紙に鉛筆でこちらの話の要点を下手な字で書いていた。話を聞き終わると、書いた文字を鉛筆でなぞって答えてくれた。鉛筆で質問事項をなぞっているときに、霊感がひらめくようであった。若い頃のふっくらしたお顔が、別人のようにやつれていた。藤田さんのご選択は、事業を続けなさいと言うことであった。当時のお金で五万円をお支払いした。三〇分のお見立てであったが、全盛期の料金はもっと高いと聞いていたので、安くなったのかとも思ったものだ。結局その後事業を一年続けたが、負債が膨らむばかりでよいことはなかった。連帯保証の額が大きすぎたので、ムリして続けたことは、負債の増加につながった。結局自宅も、モーターボートもすべてを失った。

でも、占ってくれた藤田さんを恨んではいない。もう少し続けろと言ったのは、もう少し懲りを見ろと言われたものと、今では解釈している。当時は、人もうらやむほど車を売りまくっていたので、思い上がっていた面もあったと思う。

占いは相性が一番

有名な占い師だから当たる、ということもない。演出がうまくて有名になる人もいるし、無名でもよく当たる人もいる。二田さんが言うように、占い師と、占ってもらうほうの、相性が一番大事だと思う。わざと予約は一ヵ月後になります、と平気でウソを言う占い師もいると聞く。ハデな演出でオーバーなのは、大体信用できない、と二田さんは断言する。

二田さんの話に戻るが、彼が休業しているのは、パワーが落ちたからだと、正直に語ってくれた。その話に間違いはないと確信する。藤田さんの例を見るように、占い師もパワーがあるときは、面白いぐらい当たるものである。だが霊感の場合、そのパワーは落ちることも往々にしてある。筆者が見てもらった頃の「藤田小女姫」は間違いなくパワーが落ちていたし、人相に不吉な影が出ていた。

二田さんは、直感の優れている人は、理論と直感のバランスが狂うことがあって、その辺が難しいと言う。

運のよい人間と付き合う

車の販売会社を経営していた頃、初めてのお客さんから、電話を頂いた事がある。田舎では信用度の高い、建築会社の社長からだった。誰かの紹介かと思って訪問してみると、あんたは運がよさそうだから、あんたから車を買いたいと言って、ディーラーから買わないで私から新車を買ってくれた。当時私は「アイデア商法」と言われ、地方紙で紹介されたり、『週刊文春』の巻末のグラビアで紹介されたりして、乗りに乗っていた頃である。

話を聞いてみると、今まで付き合っていた営業マンが事故にあってケガをして入院したとの事。事故に遭うことは運がないことなので、代わってもらう事にしたらしい。社長の話を聞くと、仕入先も、運のよさそうな相手を選んで取引していると話してくれた。運の良い人間と付き合うことが、自分の運を高めることになるという。

二田さんにこの話をすると、その社長は素晴らしい発想で、運の良くなる秘訣を知っている人だ、と驚きの表情を浮かべた。極端な人は、運の悪い人間には近寄るなと言う人もいる。なぜなら、悪いエネルギーが移ることがあるそうだ。

占いのパワーが落ちる

二田さんのパワーが落ちた原因を知りたくて聞いてみた。二田さんの占いのパワーが落ちたのは、ギャンブルに精を出してからだという。福島は福島競馬があり、競馬に通うようになってから、パワーが落ちたと言う。最初友人に誘われて行ったら、面白いぐらい当たって、その日は一〇〇万円以上勝った。それが間違いの元で、何度も通ううちに勝てなくなり、占いのパワーも落ちた。自分でもギャンブルが原因だと実感したらしいが、実感しても、しばらく止めれなくて、休業にいたった。占い師も、簡単ではないことがわかったが、パワーが戻ったと実感できるまでが、大変ではないかと思う。占い師の中には、多分パワーが落ちたことを実感しても、そのまま続ける人が多いと思う。その点では二田さんは良心的である。

昭和一六年生まれの二田さんは、現在は息子さんと同居して、再開のため努力している。職業によっては、ギャンブル等にパワーを使ってはいけないことがわかったが、経営者にも同じ事が言える。最近の経営者は、経営以外のことにパワーを使っていないだろうか。貴重な時間とパワーの無駄遣いが多いのでは、と思える経営者が多い。学者の机上の空論をまともに受けて、逆に経営に注ぎ込むパワーを、無駄遣いしていないだろうか。

セミナー好きの経営者が多いが、自分の体験では、セミナーに出てみて、これは素晴らしいセミナーだ、経営に生かすことができる、と実感したセミナーは、一つもなかった。日本人は、セミナーが好きな人が多いが、パワーの無駄遣いは避けたほうが良いと思う。

直感には頼るなという学者もいる。しかし経営者を長年続けた人はわかると思うが、経営者は直感こそが大事で、直感に磨きを欠けることを怠らない経営者が、一流の経営者として成功していることが多い。

筆者は、すべてを直感に委ねたほうがいいと言っているのではない。もちろんデータは大事だが、データがほとんど同じで、どちらにするか、判断を迫られたとき、直感が優れていれば、間違いが少なくて済む。経営者は、右の道か、左の道か、決断を迫られることが多い。そのとき、直感を磨いていないと間違う。経営者が机上の空論に振り回されるのは、パワーの無駄遣いに他ならない。

二田さんは、占いのパワーを取り戻すための努力を重ねておられるが、最近は全盛期に近く戻ってきたようだ。でも、人の運命を左右するからと、二田さんは慎重である。筆者も霊感に関しては、かなり自信があるが、二田さんの占いに関する真摯な姿勢には、納得できるものがある。

■二田さんの教訓

「パワーの無駄遣いはいけない、特にギャンブルでのパワーの無駄遣いは、本業に影響する」

17　薬局経営――人のよさで失敗

横浜生まれの横浜育ち

元薬局経営の高野さんは、横浜生まれの横浜育ち、生粋のハマッ子である。生家は本牧で、埋め立てられる前は、海も近く、三渓園のそばの浜で、貝を取ったりした記憶がある。当時は海も綺麗で、古きよき時代であった。高野さんは、横浜の移り変わりをしっかりと見てきた男だ。昭和一一年生まれ、終戦のときは九歳で、戦争中もはっきりと記憶にある。横浜が空襲を受けたときのことは、子供心に目に焼き付いている。そして、戦後の混乱も見てきた一人である。

高野さんは一人っ子で甘やかされて育ったほうだ。高野さんの父親は、乗馬クラブを経営していて、街の名士的な存在であった。その後、近衛兵として従軍し、二・二六事件のときは、反乱軍には加わらなかったが、危うく反乱軍を撃つ側に回る寸前まで行ったことを、父親が語ってくれた思い出があるという。

自分も甘やかされて育ったほうなのでわかるが、甘やかされて育った男は、経営者としては向いていないことが多いのは確かである。高野さんは、男一人の一人っ子で、お手伝いさんもいて、何一つ不自由なく育った。どちらかと言えば、ボンボン育ちである。

開業医の連帯保証人となって、薬局が潰れる

高野さんが薬局の経営から撤退したのは、平成四年の一二月二九日で、暮れも押し迫ってからであった。今でもはっきりと覚えている。底冷えする寒い日で、横浜特有の浜風が冷たく吹き付ける、体の動きも鈍くなるほど冷える日だった。厳しい寒さで余計に自分の惨めさが身にしみ、身も心も凍りつくような思いで、この世の終わりがきたようにも感じた。薬品会社に在庫は持っていかれ、がらんとした店内で、奥さんと二人だけになった時のあの辛さは、一〇年が過ぎた今でもはっきりと目に浮かんでくる。

今でこそ、スーパーの進出などで、薬局が潰れることがあるものの、当時は薬局が潰れることなど珍しかった。

高野さんの失敗は、友人の開業医の連帯保証人になったことである。高野さんの薬局は、「処方箋」の専門だった関係で、開業医に友人も多かった。取引先の開業医が株の信用取引にハマって、追証がかかり、億単位で損失が膨れた。素人が、仕手戦に手を出しては、やられるのは目に見えている。薬局経営の高野さんが医師の保証人なった。薬屋さんの保証人に医師がなったのではなく、医師の保証人に薬屋さんがなったのである。

最近は医師の信用もなくなった。人格が備わり、尊敬され、あまり金儲けに走らない医師はまれで、医師が尊敬されたのは古きよき時代のことである。つい最近、インフルエンザで近くの開業医にかかったら、何と四種類もの薬を、一抱えも渡されたのには驚いた。金儲けに熱心な医師が多く、高野さんが友人として付き合った医師のように、株に手を染める医者も多い。患者からふんだくったお金で、バクチをやっているようなものだ。

最近の医師は、一見すると堅気に見えないような男も少なくない。国がおかしくなるにつれて、医師もおかしくなった。医療ミスが日常茶飯事になって、医療ミスが怖くて、安心して医者にもかかれない。弁護士も詐欺を働く時代で、医師ばかりを責められないのかもしれないが、弁護士は医師に比べればまだ腐敗の度合いは少ない。

私が、こうして原稿を書いていられるのも、恩人とも言えるある弁護士さんのお陰である。事業に失敗し、家族は田舎に残して、一人で上京した。埼玉に一人落ちつき、早速近くの弁護士さんに相談に行った。そして、神がかり的な出会いがあった。当時、自分の運が残っていたと思うのは、私にとって仏様のような、神様のような弁護士さんに会えた事だった。

田舎に家族を残してきたと事情を話すと、その弁護士は、普通なら数十万円かかる費用を、貴方は働くまでが大変でしょう、とたった一万円で引き受けてくださった。多くの人は、作り話だと誤解するかもしれないが、本当の話である。

その後も、現在に至るまで、機会あるごとに相談に行き、その都度素晴らしい助言をもらい、励まして頂いている。七四歳になる現在も先生は、虎の門の事務所へ毎日電車で通勤している。正義感にあふれ、人情味があり、権力にも勇敢に立ち向かう、本物の弁護士さんである。私が、最初の本を上梓して、先生のところにお届けしたときは、我が事のように喜んでくださった。

私のように、失敗をおかした人間でも、素晴らしい出会いがあれば、曲がりなりにも、こうして三冊目の本を書くことができる。人間は出会いこそが大事である、と実感させられた。良い出会いにめぐり合えるのも、たぶんに運が左右する。運を招くにはどうしたらよいかということになる。私は、どんな失敗をおかそうとも、くじけず、あきらめないことだと思う。「ネバーギブアップ」である。これは、自分の実体験なので間違いない。くじけない。あきらめない。このことが素晴らしい出会いを呼び込む元である。

製薬会社のトップ営業マンとして活躍

高野さんは、確かに薬局経営で失敗した。製薬会社のトップ営業マンとして活躍して、三〇年勤めて独立した、高野さんと住んだ世界が違うものの、私と非常に似ているパターンで、話を聞いていて驚いた。私の場合は、トヨタのディーラーに約二〇年勤めた。トップセールスとして活躍したのも同じ、保証人になったことまで同じで、話を聞きながら考えた。似たような人生を歩む人もいるものだと。

人は独立したのが失敗の原因で、独立したのが間違いと言うだろう。私は違うと言いたい。独立しなければ、高野さんの場合も失敗はなかったと思う。しかし、挑戦しない人生が正しいのか？　挑戦をする過程には、失敗がつきものである。

可もなし、不可もなしの人生が、良い人生なのか？　失敗を反省し、さらなる挑戦をするから、人間も、社会も、進歩する。この国がすべての面で停滞しているのは、失敗を恐れるあまり、挑戦する人間が、少なくなったからではないかとさえ思える。

日本で企業を起こす割合が、先進国の中では一番低いのは、挑戦する意欲のある若者が減ったからである。日本の開業率は三・六％で、先進国の中では最低である。失敗を恐れるあまり挑戦しない。特に若者達は、この国では、新規開業に挑戦して失敗すれば、落後者あつかいされるのを見ているからではないかと思う。

高野さんの友人の医師が銀行に執拗に責められ、高野さんに保証人をたのんだ。〝天気のいいときに使ってくれと傘を差し出し、雨が降り出すと傘を取り上げる〟日本の銀行の常套手段である。

結局高野さんは、銀行の言うままに、友人であり取引先でもある医師の連帯保証人になった。連帯保証人は自分で借りたも同然である。当時高野さんの薬局は、月商七〇〇〇万円位あって、従業員は二名、奥さんと四人で順調な経営を続けていた。薬九層倍といって、薬屋は儲かった時代もあったが、高野さんは横浜という土地柄から、船にも薬品を納めていた。船に収める薬品は取引金額が大きくなった。栄養剤から、救急の薬品まで、大きな船になると医師も乗っているので、取引先としてはありがたいお客であった。船の関係だけは従業員に任せずに、高野さんが直接出向いて取引をした。

事業に失敗する人間はお人好しが多い

彼と話していると、事業に失敗する人間特有の、人のよさがにじみ出てくる。事業に失敗する人間はお人好しが多い。人が良いから失敗する。事業においては、人が良い経営者は、撤退に追い込まれる確率が、非常に高くなる。これだけははっきりと言える。人が良いから、友人の保証人になる。それも、自分で借りたと同じ扱いになる連帯保証人を、疑うこともなく引き受ける。しかし、人間的な弱さをもつ男は、人をひきつける魅力を持っている。この辺が難しいところで、逆に精神的に強い男は、人間的な魅力に欠ける面がある。

独立して、新しいことに挑戦したことは間違いではないが、簡単に保証人を引き受けたことが間違いなのははっきりしている。同じ立場になって、同じ条件になった場合、冷徹に保証人を断れる自信のある人が、果たしてどのぐらいおられるか、きわめて疑問である。高野さんは状況を冷静に判断して、断る意志の強さに欠けていた。しかし共倒れとなり、倒産にいたれば、多くの人に影響を与える事になる。事業は多くの人のつながりで、成り立っていることを自覚する必要があった。

私の場合は、格好をつけるわけではないが、事業の失敗は神様が与えた試練だと考えた。

だから、誰も恨んではいけないと肝に銘じた。

「恩は石に刻み、恨みは水に流せ」である。高野さんが保証人を引き受けることになった相手の医師は、今でも開業医を続けて銀行に借金を返していると言う。なんとも聞いていてやりきれない思いがしたが、高野さんは恨んでも仕方がないと平然としている。私なら、銀行に返す前に俺に返せ、とダダをこねるかもしれない。保証の額は三億五〇〇〇万円にもなり、高野さんは自己破産して、すべてを失った。自宅も、横浜の野毛の一等地に持っていた土地も、すべてを失ったのである。

今は亡き「石原裕次郎」のお母様が、裕次郎があまりにお人よしなので、「人がよすぎると言うことは、馬鹿のうちだよ」と諭したことがあるそうだ。お人よしも事によりけりで、事業の場合は、自分ばかりではなく、他人にも迷惑をかける事になる。現状を認識し、心を鬼にするときは、鬼にしてでも、事業を継続することが何よりも大事である。単なるお人よしは、企業家としては失格となってしまう。生きるか死ぬかの世界では、お人よしをやっていられない。自分の反省も込めて、お人よしをさらけ出すときは、次の人間に社長を譲ってからにするべきだ、と言いたい。

失敗原因をとことん突き詰めて、しっかりと反省しないと人間は同じ失敗を犯す。私も、高野さんと同じパターンで、友人の保証人になり失敗したが、失敗の教訓は、いかなることがあっても忘れないようにつとめている。

高野さんに、薬に関して本音を聞いてみた。「漢方薬」は副作用が少ない薬とされているが、これは誤った先入観だと断定した。どんな薬でも、毒になる部分があるので、漢方薬といえども例外ではないという。漢方薬に関しては、最近では半分以上の医師が、なんらかの形で使用するようになった。高野さんは、薬に関して医師はもっと勉強して欲しい、と注文をつける。最近の若い医師は、「処方箋」も満足に書けない医師もいると嘆く。実際は、漢方薬に関する評価もまちまちだ。漢方薬に限らず、例えば、お年寄りが、目の具合が悪い、腰が痛い、食欲がない、と言えば、病院では眼科、整形外科、内科を回り、それぞれ各課の医師が薬を出す。それぞれ違う薬で「複数の薬を使うと、各成分の間で複雑な反応が生じて、思いもよらぬ副作用がでる」という。薬漬けの医療が、逆に病人を作っている面がないとはいえない。

製薬会社の営業マンを三〇年経験した高野さんに、気になっていたことを聞いてみた。製薬会社で医師に高価な贈り物や、接待をする噂は本当かと聞くと、今は少なくなっているが、昭和の時代には接待も盛んであった。女の好きな医師が多いので、台湾やタイに連れて行って、女を抱かせた経験が、高野さん自身何回もあるという。F社では、車も提供したというから驚く。なんともあきれた話である。

「もう一度挑戦しませんか」とけしかけたら、「もう少し若ければ」、と高野さんは残念そうに言った。ここは私と少し違う。私は、挑戦することには、年齢は関係ないと考えている。若くして、年寄りじみた若者が多くなっているが、積んだ年齢にはいろいろなエキスが詰め込まれているはずである。「転がる石に、苔はつかない」。何かに挑戦している限り、苔がつかなくて、若さを保つことができる。

だから私は、常に何かに挑戦していたい。

挑戦するから失敗もする。失敗は、挑戦による勲章ともいえる。平凡で失敗のない人生を否定するつもりはないが、生きた証がない人生も寂しい。「失敗を恐れず、ひるまず」。誰かの言葉に似ているが、少し違う。小泉総理の言葉は空虚に響くだけである

挑戦がなければ、失敗もない。しかし、人間は失敗から学ぶことが大切だと思う。

■高野さんの教訓

「保証する相手が医師であっても、連帯保証はしてはいけない」

18　私の失敗体験――幸運は借り物

今回は、さまざまな業種の、経営者の失敗経験を書かせてもらった。他人の失敗を遠慮もなく書いておいて、自分の失敗を書かないわけにはいかない。最後に、自分の失敗も書かせてもらう事にする。

二回目の不渡り手形

二回目の手形不渡りを出したのは、九月にしては寒い日であった。取引先に手形のジャンプを頼みに行って断られた。その日に落ちる手形のジャンプを当日に頼むほうもどうかしていた。手形に追われているときの精神状態は、正常な精神状態ではないといっても過言ではない。手形に追われた経験をお持ちの方なら、よくわかるだろう。銀行の窓口が閉まる三時過ぎになって、自社の振り出した手形の不渡りが確定すると、まず頭をよぎったのは、自殺することであった。不渡りを出して自殺を考えない人のほうが少ないと思う。筆者の取材結果でもはっきりと表れている。

自殺は、一番手っ取り早いカタの付け方とも言える。責任感の強い人間ほど、申し訳ないとの思いが先にたつ。その結果、死んでお詫びしようという結論になる。

しかし、本当は死んではお詫びにならない。残された家族や、信頼して付きあってくれた人たちに対して、何の償いにもならない。筆者は、男の子供が二人で、当時は二人とも高校生だった。子供が高校を卒業するまでは、死ぬわけにはいかない、と何とか自殺を踏みとどまることができた。

二回目の手形不渡りを出したその日のことは、今でもはっきりと覚えている。なぜか温泉に浸かりたくなった。自宅のフロではなく温泉に浸かりたかった。自殺のために身を清めておこうと考えたわけではない。会社に戻って、事務所で経理をやっていた妻を誘って、車で二〇分足らずの温泉場に行って温泉に浸かった。あの時に、温泉に浸かりたくなった理由は、今でもあまりハッキリしない。

二〇〇三年も、自殺者が三万人を超えた。少なくとも半数は、事業の失敗による自殺者ではないか、と推測する。筆者は一年以上も前から、小泉政権を「弱者皆殺し政権」と呼んできた。小泉政権が、このままさらに三年続くならば「国民皆殺し政権」となりかねない。

銀行の弱いものいじめ〝貸し渋り〟〝貸し剥がし〟を見てみぬふりをする小泉総理には、弱者に対する思いやりがない。「田中角栄」が今でも根強い人気があるのは、彼には、苦労人独特の、弱者に対する思いやりがあった。良い技術をもつ企業が多い中小企業には、今でも「田中角栄」をなつかしがる人が多い。小泉総理が八〇％近い支持率があった頃、「この男はハッタリとカラ元気の男だ」と私の霊感では読めた。中小企業経営者の自殺が増加しているのを見るたびに、自分の過去の経験と重ね合わせ、いてもたってもいられない思いにかられる。

筆者は、何とか自殺を思いとどまった。こうして原稿を書いて（打って）いられるのは神に感謝するしかない。宮本武蔵は「神仏は尊び、神仏に頼まず」と言った。筆者も常日頃、神仏は尊ぶべき存在で、むやみやたらと、頼むべき存在ではないと思っている。しかし、過去に一度だけ神仏に頼んだことがある。手形が不渡りになりそうな状況になったときである。それほど、手形は恐ろしい、厄介なものであった。

友人の連帯保証人となる

同業者の友人が、今でいう「商工ローン」から借り入れをした時に、連帯保証人になった。当時の二〇〇〇万円は大きな金額だが、事業が乗りにのっているときで、地方紙で記事になったり、『週刊文春』の巻末のグラビアで紹介されたりしていた頃で、油断があった。昔の人は良いことを言ったもので「油断大敵」であった。友人は、二～三回返済しただけで倒産した。担保もあったとはいえ、利息を計算すれば、一〇〇〇万円まるまる返済の義務が生じた。もちろん、連帯保証とは、自分で借りたも同然なのは知っていた。すべてが油断からである。

しかし保証人を頼まれたときに冷たく断っていたら、と考えたことはない。創業のときにその友人は、誰よりも協力してくれたし、先輩としてのアドバイスもしてくれた。強いていうならば、返ってこなくても良いお金を使ってくれと渡して、保証人は勘弁してくれと言うべきであった。貸主も、乗りに乗っている社長が保証人ということで貸したようだった。

友人の事業が倒産し、自分の取引の分の損失も発生し、保証債務とダブルパンチに見舞われた。何よりも、失敗だったのは、保証した分の支払に、商工ローンの会社に手形を切ったことであった。それも、長期にしないで切ってしまった。それともう一つ、経理をやっていた妻が、銀行員が会社にきたとき、うっかり「社長が保証人になって」と漏らしてしまった。それから銀行の態度が変った。貸し出しを渋るようになった。車の商売は金額が張るので、銀行借り入れがどうしても必要であった。迂闊な一言が命取りとなったのである。

不思議なもので「弱り目に祟り目」は確かに存在する。その保証人の一件があってから。つまらないチョンボがあったり、雪道で車がスリップして、自損事故に遭って入院したりした。その経験から、自分が弱り目に入ったと思ったら、強気の姿勢を崩さないほうが良いと感じた。不渡りを出したという噂は、あっという間に広がる。悪い噂ほど真実に近い内容で伝わるものだ。

トヨタのトップ営業マンから、独立して会社を立ち上げる

最初独立して会社を立ち上げるとき、家族はもちろん、親戚も反対した。トヨタのディー

ラーで新車を一二〇〇台売った地域ではなく、隣の県に出すと宣言したからである。思い上がっていた訳ではなく、自分のセールス理念を証明してみたかった。親戚知人、ユーザーが一人もいない土地で、白紙に絵を書いてみせると宣言した。

車の販売を通じて信頼してくれていた、中古車販売の社長などに株主になってもらい、株式会社でスタートした。スタートからいいスタートが切れた。開店のイベントは、人のやらないことをやって、話題を呼んだ。開店記念として、「ジャンケン大会」で勝った人に中古車を五五円で売った。国内初であったと思う。五五円は、開店の年の五五年にあやかったのと、ご縁があるようにとの理由であった。開店からお客が押しかけた。一年後には、一周年記念で、新車、中古車どちらでも買って下さったお客様を招待し、セスナをチャーターして遊覧飛行を行った。これまた、好評であった。この企画も業界初であった。

整備士一人と店頭セールスは女性を二人雇った。書類の作成や雑用の総務も一人雇った。店頭セールスは女性のほうが良い。契約書の作成も教えた。忙しい時期は、セールス経験がなくても、人間性を最重視して、定時制高校に通っている若者を二人パートで雇った。定時制高校に通っている若者を応援したい気持ちもあったが、彼らは、苦労しているだけに、人を思いやる気持ちを持っていた。経理は妻に任せた。今にして思えば、経理は、高給でも腕の良い人を雇うべきであった。筆者は、車の販売は誰にも負けない自信があったが、金勘定だけは自信がなかった。

口コミの絶大な効果

従業員に徹底させたことがある。会社の玄関を入ったら、新聞の勧誘員でも、集金の人でも、生命保険のセールスでも、すべての人にお茶を出すように命じた。一旦事務所の中に入った人は、すべてお客さんとして扱うように徹底した。自分のやり方を試してみた。なんと驚いたことに、こちらが頼まなくても、新聞の勧誘員がお客さんを連れてきてくれたり、保険のセールスレディがお客さんを連れてきてくれた。口コミの効果ということは、学者・評論家もよく口にするが、自分で試してみて、口コミほど効果のあるものはないと確信した。特に他業種の営業マンの口コミは効果がある。他業種の営業マンを追い返すように扱う社長もいるが、大きな間違いを犯している。彼らは、いろいろなところを訪問する。当社の宣伝マンになってくれた。口コミを実感させられたのは、親戚知人など全くいない土地でのスタートだったからである。

当時は、お酒を飲みにでる機会も多くあった。帰りはタクシーを使い、会社の前を通ってもらい、「これがうちの会社の中古車です。宜しく」、とお願いした。自宅に着いて降りるときは、料金のほかに必ず一〇〇〇円多く渡した。タクシードライバーは、一日五〇人近い人と接する。それも小さな箱の中で、お客さんと二人きりになることが多い。当然車の話題も出る、特に地方都市の場合、タクシードライバーは最高の宣伝マンとなる。タクシードライバーが直接お客さんを連れてきてくれたことも多かったが、タクシードライバーから聞いたといって来社してくれたお客さんも多い。

新聞の勧誘員、生命保険のセールスレディ、タクシードライバー、事務機の営業マン、出前の若者、トヨタの営業マン、トヨタ以外の車のセールスマン、他業種の営業マンで、応接セットの椅子が足りなくなるほど、来客が多くなった。皆良い情報を持ってきてくれた。

総務として雇った娘が素晴らしい娘で、とにかくにお客を大切にした。コーヒーを出すときでも、絶対に黙って出すなとか、最低のマナーは教えたが、常に笑顔を絶やさない人気者だった。口コミの効果は実体験として身にしみて体験した。

新車を買ってくれたお客より、一〇万円の中古車を買ってくれたお客を大事にする

私が、全員に徹底したことがもう一つある。新車はトヨタと三菱の新車をあつかった。

中古車は一〇万円の車もある。一〇万円の車を買ってくれたお客を粗末に扱ったら、俺が絶対に許さないといった。極端な話し、新車を買ってくれたお客さんよりも、一〇万円の中古車を買ってくれたお客さんを大事にした。一〇万円の中古車を買ってくれたお客さんが、車を買いたい人を連れてきてくれたことが何度もある。コンビニでガムを一個買うこともあるが、ぞんざいな態度を取る店員がいれば、その経営者に基本を教えてやりたい思いにかられることがある。一〇万円の車を買う人は、心のどこかで気が引けているものである。だからこそ、誠意を尽くさなくてはいけない。ガム一個のお客も、心のどこかで気が引けているものだ。だから、丁寧に接客しなければ、そのお客の心を傷つけることになる。商売は、「相手の立場にたって物を考える」。これが一番大事ではないかと思う。

中古車は、三年間で一三〇〇台販売した。トヨタのディーラーで新車を一二〇〇台販売しているので、合計二五〇〇台の車を販売したことになる。「お客様は神様です」――演歌歌手の言ったこの言葉が私は嫌いである。筆者は心から嫌いなお客さんには売らなかった。だから、二五〇〇台の車が売れたと思っている。商売は、「この指とまれ」の精神も必要である。不思議なもので、良い客は、良い客を呼ぶ。不景気な時代こそ、この指とまれの精神が必要な気がしてならない。

中国の兵法に「並将は何事も独断する。劣将は小事は独断するが、大事は迷って衆に計る。良将は小事は衆に計り大事は独断する」とある。筆者は並将であった。何事も独断した。大企業でも、大事を迷って衆に計る経営者が多くなった。大事を独断できる経営者こそ経営者と言えるのではないか。小事をいくら独断しても劣将に過ぎない。

「胆は大ならんと欲し、心は小ならんことを欲す」という言葉もある。筆者が手形に追われる羽目になったのは、胆が小さかったからだと反省している。保証人になった貸主に対して、差し押さえでも受けて立つと、腹をくくるべきであった。

長年車の営業に携わってきて感ずることは、実績が上がらない状態は、努力が足りないか、やり方が間違っているか、大きく分けるとこの二つしかない。足りない努力は補わなくてはいけないが、間違ったやり方は正さなくてはいけない。間違ったやり方で空回りしている状態が一番悲惨である。これは企業経営にも言えることである。

筆者は、トヨタの営業所長をやっていた頃も、会社を経営してからも、会議はほとんどやらなかった。営業所でも、取引先の会社でも、会議をしょっちゅうやる組織で、成績の良い組織は見たことがない。会議を頻繁にやりたがるトップは、会議のための会議をやっている人が多かった。成績の良い会社は、会議をあまりやらないものである。それだけ社員の信頼が厚いということにもなる。

盛業でいながら撤退に追い込まれる

筆者は盛業でいながら、撤退に追い込まれた。今現在、撤退に追い込まれようとして苦しんでおられる経営者に次の言葉を申し上げたい。海藤守氏の書かれた言葉だが「心が変われば態度が変わる。態度が変われば、習慣が変わる。習慣が変われば人格が変る。人格が変れば、人生が変る」。生きていれば、ツキも必ず回ってくる。ただし、用意のない人間にはツキも通り過ぎていく。撤退しても、何かで必ず復活して見せるという、強い信念を持ちつづけていることが大事である。一度や二度の失敗でへこたれてはいけない。命まで取られることもないし、ましてや、自ら命を絶つなどということは、最悪の選択である。命を絶ちかけた経験者だから言えることだ。《恩は石に刻み、恨みは水に流せ》。これさえ忘れなければ必ず良いことがめぐってくる。

「胸が痛む」とはよく使われる言葉である。筆者は本当に胸が痛んだ経験をした。胸が痛むとは本当のことなんだな、と思ったことがある。首都圏の埼玉へ来て、埼玉に嫁いでいる妹の紹介で、小さな一軒家を借りた。とりあえず収入源を確保することに全力を尽くした。一人で生活して、田舎に残した家族を思うとき、胸が痛くなった。本当に胸が痛くなるとはその時まではわからなかった。一時避難するつもりで、タクシードライバーを選んだ。タクシードライバーは、一度はやってみたい仕事であった。鳥のように自由で、誰の指図も受けずに済む。群れるのが嫌いで、組織に組み込まれることが嫌いな筆者には、もってこいの仕事で、当時は、羨ましがられるほど収入も良かった。

中小企業の経営者で、倒産後のことで悩んでおられる方には、一時避難も許されるタクシードライバーをお薦めしたい。再起を期して、一時避難するには良い仕事である。タクシーの仕事は、職歴、学歴など問われることはないし、何の意味もない。腕と度胸の世界である。最近は、個室の寮が完備した会社もある。収入が減ったとは言え、自分で努力した売上の、半分のお金は手にすることができる。ただし、車が好きで、運転が好きでなければいけない。イヤイヤながら仕事すると、タクシーの場合は事故につながる。仕事はどんな仕事でも同じだが、楽しく張り切って仕事することが肝心である。

筆者も過去において、幸運に恵まれた時代があった。「幸運は借り物にて、貰い物にあらず」という言葉がある。幸運は、貰ったものではなく、借り物だと思うことが必要である。人は、幸運をもらい物だと勘違いする。現在、幸運に恵まれている人も、幸運は借り物だと自覚して、大切にしていただきたい。幸運を粗末に扱えば逃げていく。そして、失敗を招く。筆者の実体験である。幸運は大切に扱い、努力を惜しまないことが肝要である。

「楽天家は、どんな災いのなかにも好機を見るが、悲観論者は、どんな好機のなかにも災いを見る」

もし状況が悪くなることがあっても、常に災いのなかにも、好機を見ていくべきだと思う。

あとがき

「失敗するのが人間で、それを寛容するのが神」。神は人間の失敗には寛容である。人間は失敗しながら、成長する生き物だということを、知っておられるからである。

日本人は失敗に対して、寛容でない国民性を持っている。「石橋をたたいて渡る」――筆者の嫌いな言葉である。石橋ならたたかないで渡ってほしいものだ。日本の親は、子供の頃から石橋を叩くことを子供に教えすぎる。すべてのジャンルで、失敗を恐れずに挑戦する若者が少なくなる一方である。失敗を恐れずに、行動を続けていると、失敗しても立ち直りが早い。「挑戦を続けているうちは失敗はない。挑戦をやめたときが失敗である」と、どなたか言っていたが、その通りだと思う。

日本にはその反面、「失敗は成功のもと」という素晴らしい言葉もある。筆者はこの古くからの言葉が好きだ。日本人は、二つの言葉を並べると二面性を持っていることがわかる。平成の時代になってから、「失敗は成功のもと」よりも「石橋を叩いて渡る」のほうにウエイトがかかってきたように思う。日本人は戦後、欧米で開発された製品に、手を加えてさらに性能アップして、それを売り物にして生きてきた。技術的には挑戦の連続であった。

その生き方は簡単には変えられない。「石橋を叩いて渡る」では生きていけない。「本田宗一郎」が活躍した昭和の時代のように「失敗は成功のもと」に戻さなくては、失われた一〇年は帰ってこない、と強く感ずる。

マキァヴェリの『君主論』をひもとくと、「いったんある方法を用いて上々に成功した人物に対して、こんどは別の方法を採用したほうがうまくいくと信じさせるのは至難のわざだ」と言っている。右肩上がりの時代にはうまくいった方法が、うまくいかなくなったのは、時代が変ってきたからで、それが日本人には認識できていないようにも思う。日本の経営者をしっかり見てみると、たんに時代の波に乗った幸運児が多かった。幸運を自分の実力だと錯覚した経営者のなんと多かったことか。

「成功したときは、自分の実力と思い、失敗したときは世間が悪い」——このタイプの経営者は「成功したときは運が良かった、失敗したときは自分の努力が足りなかった」に改めるべきである。ほとんど、運だけで会社を経営している男を何人も見てきた。運も実力のうちではあるが、たんなる幸運を実力と勘違いしてはいけない。バブルの頃は、特にこの手の経営者が多かった。

もう一つ日本人の特性がある。少し成功すると、すぐに慢心する癖がある。人間は慢心すると、あたりを冷静に見ることができなくなるものだ。営業マンでも、スポーツの世界でも、慢心して消えていった男は、掃いて捨てるほど見てきた。

最近は、野球選手でも相撲でも、やたら簡単にケガをする。筆者の体験から申し上げるなら、慢心からくる気の緩みが怪我を招いている、と断言してもいい。筆者のスポーツ体験では、怪我をするときは、気が緩んでいるときであった。スポーツの世界だけでなく、経済も気の緩みが、今回の惨状を招いていないか？ マキァヴェリが次のように言っている。

「彼ら弱い人間は、幸運に恵まれると、得意がり、有頂天になる。幸運はすべて、ありもしない自分の実力のおかげだと言いはる。こうして、彼らは周囲の人びとから鼻持ちならない存在になり、憎まれるようになる。こうしてまもなく、運命の逆転にみまわれてしまう。彼らの表情にありありとそのことが表れ、とたんにうってかわって沈み込んで行き、卑怯な卑屈な人間になりさがる」。

一五世紀ルネサンスの政治理論家マキァヴェリが、現代日本人の姿を予言したのではないかと思うほど、今の日本人に当てはまる。恐ろしいほどあてはまっている。

日本の評論家は、二言目にはアメリカ、アメリカと、アメリカを例に出したがるので、アメリカの例はあまり出したくないが、アメリカは日本と違い、挑戦による失敗には寛容で、またやり直す者には、拍手を送る国民性がある。日本人も今こそ、失敗から学ぶ謙虚な姿勢が必要ではないか……。そして、失敗しても、めげずに再挑戦する人間には、暖かい拍手を送るべきではないかと思う。

フロンティアスピリットを尊ぶアメリカには次のような言葉がある。


倒産を一回する者はよくある人だ。

倒産を二回する者はばか者だ。

倒産を三回する者は悪党だ。


今回の取材に協力してくださった方々に、心から感謝申し上げます。

なお、本書に登場していただいた方のお名前は、大部分仮名とさせていただきました。

最後に、このたびの出版に一方ならぬ努力と励ましをいただきました、花伝社社長平田勝様に厚くお礼申し上げます。ありがとうございます。

若宮　健（わかみや　けん）

1940 年、秋田県生まれ
トヨタ自動車のディーラーに19年間勤務。メカニック、営業マン、営業所長を経験。

新車を 1200 台販売後独立。自動車販売会社を経営するも 3 年で撤退。

損害保険の代理店経営。証券会社勤務の経験あり。

選手として出場したスポーツは、ボクシング、スキーなど。他に水泳、柔道の経験あり。

著書『タクシードライバーほど素敵な商売はない』（エール出版）『タクシードライバー千夜一夜物語』（K ＆ K プレス）　98 年『夕刊フジ』に連載を書く。

URL　http://www.wakamiyaken.jp（ID：kenmenber　パスワード：0tn7）

失敗から学ぶ——経営者 18 人の失敗体験——

2004 年 2 月 25 日　　初版第 1 刷発行

著者 ——— 若宮　健
発行者 —— 平田　勝
発行 ——— 花伝社
発売 ——— 共栄書房
〒101-0065　東京都千代田区西神田 2-7-6 川合ビル
電話　03-3263-3813
FAX　03-3239-8272
E-mail　kadensha@muf.biglobe.ne.jp
http://www1.biz.biglobe.ne.jp/ ~kadensha
振替 ——— 00140-6-59661
装幀 ——— 神田程史
印刷・製本— 中央精版印刷株式会社

ISBN4-7634-0417-2　C0036